货币冲击与转型时期中国经济波动

杨柳 著

中国社会科学出版社

图书在版编目(CIP)数据

货币冲击与转型时期中国经济波动/杨柳著. —北京：中国社会科学
出版社，2016.5
ISBN 978 - 7 - 5161 - 8124 - 9

Ⅰ.①货⋯　Ⅱ.①杨⋯　Ⅲ.①货币主义—关系—中国—
经济—经济波动—研究　Ⅳ.①F124.8

中国版本图书馆 CIP 数据核字(2016)第 099834 号

出 版 人	赵剑英
责任编辑	周晓慧
责任校对	无　介
责任印制	戴　宽

出　　版	中国社会科学出版社
社　　址	北京鼓楼西大街甲 158 号
邮　　编	100720
网　　址	http://www.csspw.cn
发 行 部	010 - 84083685
门 市 部	010 - 84029450
经　　销	新华书店及其他书店

印　　刷	北京明恒达印务有限公司
装　　订	廊坊市广阳区广增装订厂
版　　次	2016 年 5 月第 1 版
印　　次	2016 年 5 月第 1 次印刷

开　　本	710 × 1000　1/16
印　　张	11
插　　页	2
字　　数	167 千字
定　　价	45.00 元

序

　　杨柳博士的专著《货币冲击与转型时期中国经济波动》分析研究的是货币政策与经济波动之间的关系。正如她在书中所指出的那样,在经济学的理论体系中,货币与真实产出密切相关是经济学中基本上被普遍接受的,少数比较稳定的关系之一,尽管两者之间到底谁是因、谁是果,或者同是更深层次变量的果的争论一直是经济分析中的活跃题目。而在这本书中,杨柳研究的正是以真实产出为代表的实际变量与代表货币因素的名义变量之间的相互关系,回答经济中是否存在或者在何种条件下会出现货币对增长的持久性影响。

　　进入 20 世纪 90 年代,随着市场经济改革的真正启动,我国市场经济条件下宏观经济调控框架和微观经济主体趋向最优化的行为已经形成,但是我国的市场体制发育尚不成熟,政府和市场进行资源配置的机制并存。因而,我国经济波动带有明显的转轨经济特征,突出表现为经济周期的可预见性低,波动较大;经济增长方式呈现突出的"投资拉动"特征,高投资、低消费的结构失衡问题突出;扩张性货币政策在扩大投资的同时却难以有效提振消费需求等特点。这一事实给中国货币政策的运行环境带来怎样的影响?中国货币政策应如何适应经济转型这一历史潮流而作出必要的调整以趋利避害?这是当前和今后一个时期金融领域内的重大课题。

　　全书共六章,分为相互联系的三大部分:第一部分包括第一至第二章,主要回顾了传统货币经济学发展、形成的过程以及介绍了现代货币经济理论研究的基本框架:动态随机一般均衡模型。第二部分包括第三至第四章,系统回顾和介绍了现代货币经济学的微观基础以及研究框架的扩展，为后面各章提供了一个思考问题的视角和结构框架，并作为后面各章展开的铺垫。第三部分包括第五至第六章，第五章在一个包含 Calvo 价格黏性的新凯恩斯主义模型中，讨论了中国货币冲击与经济增长的关系。第六章从资本调整成本的角度对引入中国转轨经济特征的新凯恩斯模型进行了探讨，并进一步结合后金融危机时代资本调整成本的增大趋势对模型进行了模拟分析，研究结果显示，资本调整成本增大会弱化技术进步对经济增长的促进作用，其对于扩张性货币政策效力的制约则更为显著。

该书对货币经济学理论演进、发展历史的了解深入、细致；对基本面的把握深刻、正确，论述体系具有新颖性。基于中国货币政策实践中中国人民银行对产出波动和通货膨胀的调整更多地依赖调整名义货币供给增长；以及货币政策对投资的作用效力更大，对消费需求刺激有限这两大特点，本书紧紧围绕中国经济转型时期的特征来构建模型，并据此进行实证验证与经济预测。理论基本框架的逻辑思路异常清晰，抓住了问题的特征，便于读者把握全局。同时作者将经济转型时期形势的演变、问题、原因、前景、针对性政策建议等交代得清清楚楚，有助于读者对这些现实问题的理解和把握。

该书既具有较强的理论性，又具有见解独到性和研究前瞻性。作者运用理论分析与实践验证相互结合的方法，对货币冲击与经济波动间的关系进行深层次的论证，内容观点有不少新意。例如，书中从资本调整成本存在导致实际产出增长率低于通货膨胀增长率，导致家庭消费的萎缩加剧的角度探讨中国经济中出现"高投资与低消费共存"的原因，这种研究视角是全新的，为转型时期的货币调控提供了一种新思路。而关于"后危机"时期资本边际调整成本的上升减慢了资本调整速度，投资对扩张性货币政策的反应幅度下降的结论，对"后危机"时期货币政策如何为实现充分就业目标做出自己的贡献亦有一定借鉴意义。书中对中国通货膨胀顺周期性和真实货币余额逆周期性等经济波动特征的提炼，均有不少新见解，反映了作者对经济转型时期货币政策的深入思考。

总之，该书兼顾理论论述与数量分析，结构合理、逻辑严密、条理清晰、文句精炼。近几年来，我国内外部经济环境发生深刻变化，金融危机对各国经济影响的余波未尽，我国宏观经济步入新常态，对货币政策调控的手段、力度与精度均提出了更高的要求。《货币冲击与转型时期中国经济波动》一书正是对有关转型经济与货币政策相关议题所作的视角独特、深入细致的阐述，相信该书的出版有助于广大读者进一步理解货币政策与经济增长的相关关系。

黄宪

武汉大学经济与管理学院 教授

武汉大学金融发展与政策研究中心 主任

2016 年 3 月 15 日

目　　录

前　言

　　货币与真实产出密切相关是经济学中基本上被普遍接受的，少数比较稳定的关系之一，尽管两者之间到底谁是因、谁是果，或者同是更深层次变量的果的争论，这一直是经济分析中的活跃题目。货币经济学研究的正是以真实产出为代表的实际变量与代表货币因素的名义变量之间的相互关系，回答经济中是否存在或者在何种条件下会出现货币对增长的持久性影响。自 20 世纪 70 年代以来，货币经济学的分析方法出现了重大的转变：选择理论的一般均衡模型取代 IS－LM 分析，成为大部分现代货币经济学研究的基本框架，同时，随机动态一般均衡分析所采用的微调和仿真技术成为现代货币经济学的基本分析方法。通过在一般均衡模型中引入货币因素，学者们从持币动机、不完全信息、不完全竞争、工资刚性和价格黏性、信贷市场不完善以及汇率波动等角度对货币和经济增长之间的关系作了深入的探讨，使该领域的研究朝着货币经济学的一个重要的前沿性分支方向发展。

　　进入 20 世纪 90 年代以来，随着各项体制改革的逐步展开，中国政府管理经济的方式逐渐从指令性计划等直接性行政手段过渡到以宏观调控为主的间接管理方式，微观企业通过改制已逐步成为独立自主、自负盈亏的法人实体，这意味着符合现代货币经济学中基本假设的，市场经济条件下行为最优化的理性微观经济主体在中国已经形成。但是，由于中国的市场体制发育尚不成熟，多种机制并存进行资源配置，因而经济波动带有明显的转轨经济特征，突出表现为经济周期的可预见性低，波动较大；经济增长方式呈现突出的"投资拉动"特征，高投资、低消费的结构失衡问题突出；扩张性货币政策在扩大投资的同时却难以有效提振消费需求等特点。

　　本书运用现代货币经济学的分析框架，在借鉴和修正已有模型的基础之上，基于中国经济结构和经济体制特征，采用实证分析和理论研究有机统一的逻辑框架，探讨了经济转型时期各种市场摩擦加剧对中国技术进步型增长方式和积极货币政策调控效力的影响，并有针对性地提出政策建议。

　　全书分析由浅入深、层层递进，由基本模型不断深入。本书共由6章组成。

　　第一章回顾了传统货币经济学发展、形成的过程。第一节由现代增长理论的起点哈罗德—多马模型出发，介绍了现代增长理论的基本研究框架——索洛模型以及在此框架下引入货币的增长模型；第二节重点介绍了传统的短期货币和经济增长的分析框架——IS - LM 模型，以及新古典综合学派、货币学派和理性预期学派对该模型的修正。

　　第二章介绍现代货币经济理论研究的基本框架——动态随机一般均衡模型（Dynamic Stochastic General Equilibrium Model，简称 DSGE 模型）。第一节简要介绍了 20 世纪 70 年代以来现代宏观经济建模方法的发展，即从真实商业周期理论到 DSGE 建模的发展和演变。第二节以一个标准 DSGE 模型为例，简要介绍其数学建模、均衡条件的推导近似以及线性系统的求解问题。第三节从校准法、极大似然估计法和贝叶斯估计法三个方面论述了 DSGE 模型的实证检验。第四节从政策制定角度揭示了 DSGE 模型在政策分析上的重要应用。

　　第三章系统回顾和介绍了现代货币经济学的微观基础，即当前占主导地位的三种基础的货币经济学模型框架：世代交叠模型（OLG 模型）；货币效用模型（MIU 模型）和货币先行模型（CIA 模型）。这三种模型在方法论上的共同之处是将各种均衡条件明确地建立在单个经济人行为最优化的基础之上。

　　第四章系统介绍了现代货币经济理论研究框架的扩展。主要包括灵活价格模型；加入名义刚性的模型；调信贷市场不完美（即加入金融加速器）的模型以及货币政策理论的发展。其中加入名义刚性的模型亦称为"新凯恩斯主义"（New Keynesian）框架，目前是研究货币冲击通过实际利率传导影响经济的主流发展方向。

　　第五章在一个包含 Calvo 价格粘性的新凯恩斯主义模型中，讨论了中国货币冲击与经济增长的关系。在假定货币政策通过调整货币供给增长实施的前提下，本章根据模型模拟和分析得出以下结论：（1）货币并非中国经济波动的根源，实际产出对货币供给具有一定的反馈作用。（2）通货膨胀的顺周期性和领先增长表明，中国经济周期存在总需求拉动的特性。物价波动在中短期主要由货币供应量波动引起。（3）货币政策对实体经济有效但效果有限，货币供给变动对投资的作用效力更大，对消费需求刺激有限。

　　第六章从资本调整成本的角度对引入中国转轨经济特征的新凯恩斯模型进行了探讨，并根据中国 1993—2011 年宏观经济数据对模型进行了校准，发现包含资本调整成本的模型能够在相当程度上解释中国宏观经济动态。在此基础上，本章进一步结合后金融危机时代中国经济转型过程中资本调整成本的增大趋势对模型进行了模拟分析。研究结果显示：资本调整成本增大会弱化技术进步对经济增长的促进作用，它对于扩张性货币政策效力的制约则更为显著。

第一章　传统的货币经济学

按照经济学定义，经济增长是指在一个较长时期内一国总体潜在产出水平的提高。而货币经济学正是研究以真实产出为代表的实际变量（real variable）与代表货币因素的名义变量（nominal variable）之间的相互关系，它的发展是与经济增长理论的发展息息相关的，经济增长理论的模型为大部分货币冲击与经济增长分析提供了基本框架。

第一节　加入货币因素的经济增长模型

一　实物经济的增长理论

（一）现代经济增长理论的起点

哈罗德—多马模型（Harrod-Domar Model）是现代经济增长理论的起点。此后经济增长理论的众多流派基本上都承袭了该模型的核心思想和分析模式。哈罗德—多马模型的主要内容是：由于单位产出所需的劳动力是给定的，国民收入增长速度 g 不可能高于劳动力增长速度 n；同时，如果 $g < n$，就会产生失业，所以在均衡状态下，国民收入增长率必须等于劳动力增值率，在这里 n 被称作自然增长率。由于产出所需要的资本量是给定的，国民收入增长速度等于资本存量增长速度；在均衡状态下，储蓄等于投资，于是有：

$$g_w = s/v \tag{1.1}$$

其中，g_w 被称为有保证的国民收入增长率；s 为储蓄率；v 为资本产出比。稳态增长要求同时满足 $g = n = g_w$。由于储蓄率，资本产出比和劳动力增长速度都是独立给出的，因此在自由的市场经济制度中，没有任何机制可以使得 g_w 恰好等于 n，除非国家进行干预，经济不可能自动实现充分就业下的稳定增长。即使由于某种原因，g_w 等于自然增长率 n，经济处于稳态增长的路径上，一旦出现某种扰动，g_w 就会偏离自然增长率。

在哈罗德—多马模型之后，多数经济学家认为，稳态增长是完全可能的，他们放宽或修改了哈罗德—多马模型中的假设，从而得到了各种可以实现稳态增长的经济模型。

（二）新古典增长模型

在哈罗德—多马模型之后，新古典经济增长模型为大部分现代宏观经济学研究提供了基本框架。新古典经济增长理论最初由美国经济学家 Solow（1956）和 Swan（1956）等提出。从 20 世纪 60 年代到 80 年代中期，这一理论在经济增长研究中一直占据主导地位。在这一期间，许多研究采用计量手段来验证新古典经济增长理论的结论和推论，在实证研究中产生了增长核算这一分支，推动了生产函数研究的丰富和发展。一方面，生产函数模型从 Cobb-Doglas 生产函数（Cobb & Douglas，1928）、不变替代弹性 CES 生产函数（Solow，1960；Arrow，1961）、替代弹性可变的 VES 生产函数（Sato，1967），发展到超越对数 Translog 生产函数模型（Christensan & Jorgenson，1973）。另一方面，在理论上新古典经济增长模型从简单发展到复杂，新增长理论（又称"内生经济增长理论"）也是在新古典经济增长理论的基础上发展而来的。

新古典增长模型中的市场函数是一个总量函数，它以资本和劳动的同质性为前提，其中假设资本与劳动可以替代，边际收益递减和规模收益不变。总量函数的形式为：

$$Y = F(K, L) \tag{1.2}$$

其中，K 代表资本存量，L 代表劳动力，根据规模收益不变假设，总量生产函数是一次齐次的，故有：

$$y = f(k) \tag{1.3}$$

其中，$y = \dfrac{Y}{L}$ 代表人均产出量，$k = \dfrac{K}{L}$ 代表人均资本量，根据边

际收益递减假设，劳动生产率函数满足稻田条件，因此可以得到资本边际产量和劳动边际产量：

$$\frac{\partial Y}{\partial K} = f'(k) = r \tag{1.4}$$

$$\frac{\partial Y}{\partial L} = f(k) - kf'(k) = w \tag{1.5}$$

新古典经济学认为，利率 r 和工资 w 分别等于资本和劳动的边际产量。

新古典增长模型保留了哈罗德—多马模型中关于劳动供给和储蓄的假设，但是改变了关于技术状态的假设，它令劳动力已给定的外生速度 n 增长，即

$$L(t) = L(0)e^{nt} \tag{1.6}$$

新古典增长模型稳态增长速度依然是 n，实现稳态增长的必要条件依然是 $n = s/v$，但是由于假定资本产出比是可变的，因此可以根据 n 和 s 来确定生产技术，从而使有保证的国民收入增长率等于自然增长率。在稳态均衡条件下，产出、资本和劳动都将随着时间的推移而以一定的速度按指数率增长。根据模型基本假设和变量关系，可以得到下列微分方程

$$\frac{\dot{k}}{k} \equiv \frac{\dot{K}}{K} - \frac{\dot{L}}{L} \equiv \frac{s \cdot y}{k} - n \equiv \frac{s \cdot f(k)}{k} - n \tag{1.7}$$

若 $s \cdot f(k^*) = nk^*$，人均资本量将会保持 k^* 不变，k^* 是满足 $\frac{s}{v} = n = \frac{s \cdot f(k)}{k}$ 的唯一数值，称为"稳态均衡值"。如果有保证的国民收入增长率低于自然增长率，利率将会提高，工资将会下降，此时将发生劳动对资本的替代。这种调整过程会一直持续到资本增长速度等于劳动力增长速度，即有保证的增长率等于自然增长率。如果有保证的国民收入增长率高于自然增长率，相反的调整过程就会发生，这证明在长期中市场经济可以通过调整资本产出比来自动实现充分就业。

新古典增长模型采用的都是实际经济变量，同时为了跨时期的可比性，价值变量的度量都采用可比价格，消除了通货膨胀的影响。由

此可见，长期经济增长分析中是排除了货币因素的。

二 把货币引入经济增长模型的尝试

在经济增长模型的研究中，绝大多数经济学家都把经济增长看作实际要素（资本、劳动投入等）的函数，货币因素被排除在模型之外。由于这些理论只注意经济的实物方面，而忽视了经济的货币方面，因而从某种意义上讲是不完善的。为了弥补实物增长理论的这一缺陷，货币经济学应运而生。货币经济学的研究学者们把货币增长率、通货膨胀率也作为经济增长过程的重要因素，探讨经济增长中货币因素的作用。1955 年，Tobin 发表了《动态总量模型》，首次强调货币在经济增长中的作用。1965 年，他发表《货币与经济增长》，较为系统地表述了自己的货币经济增长理论。本节简要地介绍 Tobin 和 Patinkin 的货币经济增长模型，Tobin 的结论是负面的，否定货币在经济增长中具有积极的作用，Patinkin 修正了 Tobin 模型，但却没有得出建设性的结论。

Tobin 和 Patinkin 的货币经济增长模型是在索洛模型基础上引入货币因素，将货币对资本劳动比率的影响作为切入点。他们的思路是，货币供给的增加如果能够对资本劳动比率产生实际影响，那就证明货币能够对经济增长产生实质性影响。

Tobin 的货币经济增长模型以实际货币余额与可支配收入、储蓄、投资、资本—产出比率变动之间的关系为主线，展开自己的货币经济增长理论。在模型中，货币是由国家发行的外生变量，对微观经济主体来说，货币构成一种财富。

他首先导出可支配收入方程：

$$Y_d = Y + \frac{M}{P}(\mu - \pi) \tag{1.8}$$

其中，Y_d 为实际可支配收入；Y 为实际国民净收入；M/P 为实际现金余额；μ 为货币供给增长率；π 为物价上涨率。实际可支配收入 Y_d 是实际国民净收入 Y 加上贸易货币数量的实际价值变动额 $\mu M/P$ 减去原有货币余额因物价上涨而损失的实际价值 $\pi M/P$。Tobin 还在模型中导入了政府因素，政府支出假设为国民收入的固定比例，采用转移支出的方式注入经济运行之中；收入以税收或货币发行获得。并假定存储货币的成本为零。

Tobin 模型假定人们只拥有两项资产：实物资产（以 k 表示）和实际货币余额，实物资产的收益率是实际利率 r，等于资本的边际生产力，货币资产的收益率为 $-\pi$，是价格水平的下跌率。模型中的实际货币余额需求为：

$$\frac{M_d}{P} = \lambda(r + \pi)Y, \lambda'(r + \pi) < 0 \tag{1.9}$$

其中，λ 代表收入中货币持有的比例。

在货币需求等于货币供给的假设下，Tobin 模型稳定状态由下式给出：

$$[s - (1 - s)\lambda n]f(k) = nk \tag{1.10}$$

由于 $s < 1$，故均衡时的人均资本小于索洛模型的均衡人均资本。这意味着和索洛模型相比，加入货币因素以后，经济运行在较低的均衡点上，或者说，考虑了货币资产因素以后，等于降低了储蓄率，抑制了资本的增长，这就是著名的"Tobin 反论"。这个结论显然令人失望，也不合理。因为如果把货币导入经济运行的结果是降低了劳均（人均）的资本和产出，那就等于说货币经济比实物经济更为落后。

针对上述问题，Patinkin & Levhari（1968）沿着把货币余额作为消费品和生产资料这两个方向，发展了 Tobin 的模型，重新解释了"Tobin 反论"。他们的结论是，当劳均（人均）储蓄所提供的新实物资本金额等于为维持固定的资本劳动比率所需要的新实物资本金额时，经济就处于均衡增长状态。Patinkin 通过几种方式证明，将货币引入经济增长模型，并不会产生消极的影响，资本和产出不会降低，但单纯以货币扩张政策推动经济增长的做法具有很大的风险性，其最终效果是难以把握的。

第二节 短期货币和经济增长分析

由于货币政策是短期宏观调控政策，当我们谈论货币政策影响下的货币变动对经济增长的作用时，都是考察的货币的短期变动。虽然货币供给变动是短期变量，但如果货币变动对人们的消费和储蓄产生了持久性的影响，那么货币的变动就会改变均衡增长路径。因此短期货币和经济增长研究探讨的重点在于探讨货币在短期和长期是不是中性的。一直到 20 世纪 70 年代中期，经过扩充的 IS-LM 模型，即加入供给方的工资和价格黏性以及菲利普斯曲线（Philipps Curve）条件的 IS-LM 模型都是这一领域的基本分析框架。

一 凯恩斯主义革命

Keynes 开创了短期货币对宏观经济总量影响分析的先河，他于 1936 年推出了其划时代的巨著《就业、利息和货币通论》，从萨伊定律、市场自动出清和货币中性三个角度对古典宏观经济学发起了全面的挑战，并确定了现代宏观经济学的基本研究方向。Keynes 认为，总需求不足，非自愿失业的存在和古典二分法的失效才是经济运行中的一般状态，古典宏观经济学所描述的则是一种极端特殊或理想化的自由市场经济。

古典宏观经济学的核心内容可以用几个总量方程加以概括：

$$N_d = N_s = N(W/P) \tag{1.11}$$

$$I(r) = S(r) \tag{1.12}$$

$$M = KPY \tag{1.13}$$

其中，N 表示劳动市场均衡时的就业量；Y 表示充分就业量所生产出的恒定产出；N_s 表示劳动的供给；N_d 表示劳动的需求；$N(W/P)$ 表示劳动供给函数和需求函数；W 表示名义工资；P 表示物价水平；$I(r)$，$S(r)$ 表示投资 I 和储蓄 S 都是利率 r 的函数；M 表示货币供给；KPY 表示货币需求且 K 为常数。由此（1.11）式表示价格自由波动可以在市场上实现充分就业，因此产出是稳定的；（1.12）式表示利息率可以调节投资与储蓄的均衡，从而自动实现产品市场的均衡；（1.13）式表示价格的波动可以自动实现货币供给与货币需求的均衡，从而自动实现货币市场均衡。

在凯恩斯之前，经济学家们并未意识到有必要建立一个特殊的经济学分支，设定特殊的假设条件来解释经济周期性波动。凯恩斯认为，古典宏观经济学理论无法解释经济周期的特征。古典经济学立足于以下两个基本假设：第一，市场出清；第二，个人最优化行为。而20世纪30年代的经济萧条和大规模失业无论在时间跨度上还是在严重程度上，看起来都与这两个假设无法调和。与此相关的是，统计显示，总需求和价格水平与实际产出和就业正相关，而古典理论认为，一般价格水平这种纯名义量的变化只会引起单位变化而不会改变实际情况，显然，现实与理论是相互矛盾的。

凯恩斯的《通论》革命性地改变了前述（1.11）—（1.13）三个总量方程的形式，并且这种改变建立在 Keynes 的几条重要假设之上。Keynes 以 $Y = Y(N)$，$N_d = N_s = N(W/P)$ 代替（1.11），关于价格刚性（$P = P^f$）的假设导致了非自愿失业的存在；以 $C = C(Y)$ 将总量消费与国民收入建立联系，从而储蓄 S 是收入 Y 的函数而非利息率的函数，这样（1.12）式就变为

$$I(r) = S(Y) \tag{1.14}$$

并且边际消费的倾向递减的假设和资本边际效率的假设可以导致产品市场的非均衡和总需求的不足。Keynes 提出了货币交易需求 $L_1(Y)$ 和投机需求 $L_2(r)$ 的存在，即

$$M_S = L_1(Y) + L_2(r) \tag{1.15}$$

Keynes 以（1.15）式代替了（1.13）式，从而得出货币可以影响实物经济。

Keynes 认定，货币的重要性主要是从货币是现在与未来的联系这一点产生的。在一特定的经济体系中，如果技术、资源与成本不变，则总收入决定于总就业量。总就业量决定于有效需求，有效需求等于社会的消费量与投资量之和。社会的消费量由总收入水平和消费

倾向决定，假如消费倾向不变，社会的消费量就决定于总收入水平，即决定于总就业量。在均衡状态下，总就业量决定于三个因素：总供给函数；消费倾向；投资量。Keynes 认为，总供给函数在短期内是比较稳定的，如果取消工资单位的变化，消费倾向是一个比较稳定的函数。因此，就业量就主要取决于投资量，投资量的增减是说明就业波动的主要成因。

投资量是由资本边际效率和利率共同决定的。实物投资的收益体现为资本的边际效率，也就是利润率。准确地说，是预期利润率。资本的边际效率是递减的。投资的成本为利率水平，利率在 Keynes 的货币理论中纯粹是一种货币现象，货币的需求（流动性偏好）与供给共同作用决定了市场利率。投资需求取决于资本边际效率与利息率的对比，只有当资本边际效率大于利息率时，投资才可能增加。由于收益递减规律，资本边际效率有下降的趋势。所以，提高有效需求的关键在于提高投资需求，提高投资需求的唯一途径是增加货币供给，降低利率。控制货币数量、调节利率、促进投资、增加有效需求、扩大生产、增加就业，这就是 Keynes 的宏观货币政策。

可见，货币变动作用于有效需求，主要是由货币可以左右利率产生的。在传统的凯恩斯主义模型中，纯粹货币扰动在短期和长期都对真实产量有着重要影响。Keynes 认为，货币流通速度是不稳定的，存在从货币供应量→利率→投资→真实产量的作用机制。由于假定价格是刚性的，货币供应量增加会引起利率和货币流通速度的下降而不是价格的上升，因此货币是非中性的。

二　IS-LM 分析

1936 年，在 Keynes《通论》出版数月后，Hicks 为当年 9 月在牛津大学召开的经济计量学年会提交了一篇《凯恩斯先生与"古典经济学"》（1937）论文。在论文中，他提出了 IS-LL 模型[①]，Hansen

---

[①]　Hicks 的原文是用"IS – LL"图式，Hansen（1953）进一步阐释为"IS-LM"模型，因此"IS-LM"模型也称 Hicks – Hansen 模型。

（1953）将其进一步阐释为 IS-LM 模型。IS-LM 模型运用一个两部门模型来建立一种一般均衡的理论框架，对 Keynes 的收入决定论和货币利息理论之间的关系提供了一种解释。

（一）Hicks-Hansen 的 IS-LM 模型

在 IS-LM 模型中，IS 表示计划的投资和计划的储蓄，LM 表示货币的需求和供给。其主要含义用三个联立方程式来表示：

$$M = L(i, Y) \tag{1.16}$$

$$I = I(i) \tag{1.17}$$

$$I = S(Y) \tag{1.18}$$

其中，$M = L(i, Y)$ 方程式概括了 Keynes 的货币和利息理论，即当人们为了持有货币而发生的货币总需求 L 等于现期的货币供给 M 时达到货币领域的均衡状态。货币供给被视为外生变量，由政府控制；货币需求是收入和利息率两者的函数。把 $I = I(i)$ 和 $I = S(Y)$ 这两个方程式合在一起，得出收入和利息率的另外一种关系，形成 IS 曲线，以表现商品领域中的均衡状态。以 $M = L(i, Y)$ 式表示在同一空间内货币市场均衡的 LM 曲线，IS 曲线与 LM 曲线交点的联合解就是产品市场与货币市场的共同均衡解，此时的国民收入和利息率就是均衡收入和均衡利率。这样凯恩斯主义经济学就在 IS-LM 框架内得到了进一步的发展。IS-LM 模型不仅能说明利率和收入水平的确定，而且有明显的政策含义，即运用宏观经济政策使实际收入不低于充分就业时的收入（相当于移动 IS 曲线和 LM 曲线使之所对应的收入与充分就业的收入相一致），以使其达到理想状态。

需要指出的是，Hicks 认为，IS-LM 模型有两个前提，即货币工资不变和只适用于 Keynes 所指的短期分析。换言之，IS-LM 模型存在的非充分就业均衡，归因于该体系特别是两种关键价格即货币工资和利率存在的"刚性"。所谓的"刚性"可以是刚性货币工资、灵活偏好陷阱或投资陷阱（无利息弹性的投资）等情况。与此相对照，Patinkin（1948、1956）认为失业是一种非均衡现象（即来自于货币幻觉），即使在货币工资和物价具有完全弹性时也会普遍存在失业。

Patinkin 将新古典货币数量论的实际余额效应或庇古效应[1]引入由劳动、商品、债券和货币四物品市场组成的宏观经济模型中，分别分析了财富存量变化对各市场需求函数的影响，进一步修正了 IS-LM 模型。

（二）菲利普斯曲线的引入

20 世纪五六十年代，西方学者曾经将价格刚性作为区分古典宏观经济学和凯恩斯宏观经济学的主要依据，这种观点无疑抓住了两者之间某些本质上的差异，但是这种做法却缺乏说服力，因为《通论》并没有明确要求价格存在刚性。为了更好地反映《通论》中的宗旨，西方经济学家转向积极寻找一条向上倾斜的总供给曲线。Phillips（1958）研究货币工资变化率与失业率之间的关系时，运用英国1861—1957 年的统计资料进行分析研究，发现在货币工资率的变动与失业率的升降之间存在着一种比较稳定的非线性、负相关的关系，即在失业率较低的时期，货币工资上升得较快，而在失业率较高的时期，货币工资则上升得较慢甚至反而会下降；这种反向变动的关系可以用一条向右下方倾斜的曲线来表示，这条曲线被称为"菲利普斯曲线"（Philipps Curve）。菲利普斯曲线从经验研究的角度为凯恩斯宏观经济学提供了支持。经过 Lipsey（1960）、Samuelson & Solow（1960）等人的努力，菲利普斯曲线很快被引入宏观经济学，并且一度成为总供给曲线的代名词。

把菲利普斯曲线引入 IS-LM 模型可以在放弃价格刚性假设的情况下获得《通论》中的基本结论。这种介于总需求不足下的 IS-LM 模型和古典宏观经济学之间的分析框架被称为"新古典综合"方法，也称"IS-LM/AS"模型。其主要表达式可以写成如下形式：

---

① 严格说来，Patinkin 所描述的"实际余额效应"，就是货币数量论所描述的一种特殊的实际余额效应，即"剑桥效应"。一方面，根据剑桥效应，实际现金余额的变动直接影响商品需求。这里的商品需求不包括债券，因此现金余额并不影响利息率。另一方面，"庇古效应"即实际货币余额的变动会影响商品需求的结论虽然与新古典学派结论是一致的，但它不仅是简单地恢复剑桥效应，而且在本质上是反新古典学派的逻辑的，这是因为庇古效应是在 IS-LM 模型的框架内作用的，而且它并不否认利息率依赖于货币数量。

$$IS: Y = C(Y) + I(r) \quad C'(Y) > 0, I'(r) < 0 \tag{1.19}$$

$$LM: \frac{M}{P} = kY - hr \tag{1.20}$$

$$Y = F(N) = \frac{W}{P}, \quad F'(N) > 0, F''(N) < 0 \tag{1.21}$$

方程（1.19）表示的 IS 曲线整合了消费（C）、投资（I）函数的收入恒等式，继承了 Keynes《通论》中三个基础心理因素中的两个（边际消费倾向决定消费需求、未来资本产出率的心理预期决定投资需求），由于消费取决于当期可支配收入，因此是一个静态模型；方程（1.20）表示的 LM 曲线整合了货币需求和货币供给理论，继承了《通论》中三个基础心理因素中的另外一个（流动性偏好），并表明了货币的外生性；方程（1.21）是短期的古典总供给函数（资本固定，产出 Y 取决于就业量 N 的变化），也可以表示反向的劳动力需求函数，该方程并没有继承《通论》中工资水平由雇主和雇员讨价还价形成的机制（存在工资黏性），而代之以价格和工资灵活的假定。该流派加入（1.21）式的一个重要原因是为了调和《通论》中失业理论与古典充分就业理论观点之间的分歧，短期中 $P = P^f$（企业预期价格），经济存在失业，而长期中 $P = P^f = P^l$（工人预期价格），经济处于充分就业状态。AD 整合了方程（1.19）和方程（1.20）中 P 与 Y 之间的反向关系，并与方程（1.21）一起组成了主流的 IS-LM/AS 模型（新古典综合凯恩斯主义），在这个模型中，货币短期是非中性的，长期是中性的。

（三）IS-LM 模型的发展

IS-LM 所具有的数学推导简单、政策含义明确以及实证分析的可测试性等优点使其成为 20 世纪 60—80 年代短期货币与经济增长分析的基本框架。这一时期，它的主要发展主要表现在两个方面：其一是基于主流的 IS-LM/AS 模型，不同经济流派引入不同的假定和预期调整方式，构造了不同含义的 IS-LM/AS 模型，它主要包括货币主义、理性预期与新古典主义以及后凯恩斯主义的修正。其二是为 IS-LM 模型建立微观基础。

　　货币主义对 IS-LM 模型的修正是以 Friedman（1967）和 Phelps（1967）的观点为基础的，其主要变化是采用了劳动力市场出清模型来说明经济均衡，并放弃了方程（1.21）所表示的总供给函数，采用附加预期的菲利普斯曲线（The Expectations Augmented Phillips Curve）作为短期总供给函数。货币主义和后来的理性预期学派（新古典宏观学派）都把经济的供给视为经济波动最重要的方面，并以此来与《通论》强调的需求不足的管理政策相对照，以形成自己明确的理论和政策取向。同时，通过引入菲利普斯曲线，解决了原始的 IS-LM 模型中没有解释价格水平是如何变化的难题，即能够解释通货膨胀的含义。货币主义附加预期的菲利普斯曲线的 IS-LM 模型（简称 IS-LM-PC）继承了 IS-LM 模型中 AD 函数的外衣，但采用 Friedman 持久收入假说坚持的消费稳定性替代了 Keynes 主张的边际消费倾向所刻画的乘数原理，用 Friedman 货币需求函数替代了 Keynes 流动性偏好的货币需求函数。这样一来，货币能够影响名义收入并造成经济扰动的观点就否定了 Keynes 所强调的名义收入与真实收入之间没有差别的观点，为通货膨胀能否影响产出的分析提供了经验性基础。货币主义另一学派的代表人物 Brunner& Meltzer（1971）也发展了附加菲利普斯曲线的 IS-LM-PC 模型，简化了需求函数的变量，并假定债券市场和实物资本市场应该具有相同的收益率（借贷成本），IS 曲线和 LM 曲线同时包含了利率因素，突出了利率在宏观经济变量中的地位，且名义货币变化通过物价水平的变化（通货膨胀）会影响总需求（IS 曲线）。但是从长期而言，货币变化对实际变量的影响将逐步消失，剩下的只有较高的物价水准或通货膨胀率。

　　理性预期和新古典主义的 IS-LM 模型是由 Sagent（1978）和 Wallace（1978）通过引入 Lucas 总供给函数替代菲利普斯曲线或工资价格黏性假定而初步形成的。按照理性预期的 IS-LM 模型的观点，系统性的货币政策不能够影响真实经济行为，尽管货币冲击能够使产出暂时偏离潜在产出水平。因此，理性预期的 AS 图解分析在形式上与货币主义的 AS 分析是一致的，但主要差别在于二者的 AS 函数不同，即理性预期采用 Lucas 总供给函数（surprising supply curve）替代了货币主义附加预期的菲利普斯曲线。在 IS 函数的消费方面，货币主义的持久收入假说则是理性预期消费函数的经典形式；而在 IS 曲线的投资需求方面，理性预期的引入对传统的 IS-LM 模型造成了巨大冲击。引入理性预期的投资函数会导致完全不同的结果。当采用理性预期的新古典投资函数形式时，货币持续性扩张不会形成传统 LM 曲线外移导致利率下降的结果。反之，当货币扩张造成预期持续性需求增加时，通过投资的扩张以满足货币扩张所带来的需求，结果 IS 曲线移动，造成利率上升幅度大于 LM 曲线移动所带来的利率下降幅度。因此，货币无论在长期还是短期内都是中性的。

后凯恩斯主义理论体系本身存在不同的观点。一个基本的观点是坚持垄断竞争（与现实观察一致）和成本加价定价原则。在 IS 曲线上，后凯恩斯主义改进了消费的函数形式，引入了非工资收入部分，坚持方程（1.20）所表示的投资需求函数，与方程（1.21）共同构成了 AD 曲线。但该学派认为，在给定利率水平时，货币供给也是一定的，因此，货币供给是由信贷（生产过程）产生的（货币内生）。在 AS 曲线上，重要的变化是用成本加价方程替代方程（1.21），同时坚持社会存在过剩生产能力的观点（认为与现实观察一致）。

由于 Keynes《通论》使用的是总量分析法，其微观基础的缺乏一直受到经济学家们的诟病。为了弥补这一缺陷，后期 IS-LM 模型发展的另一主线就是为 Keynes 的有效需求和货币理论在 IS-LM 分析框架中寻找一个微观的基础，如 Samuelson、Modiglian 的消费需求函数，Tobin、Baumol 的现金交易需求模型，Tobin 的资产组合选择理论（q 理论）等。

Tobin 的 q 理论涉及资本边际效率和相对价格的关系。这一理论可以用下面的方程来表述：

$$W = M/P + B/P + qk \tag{1.22}$$

$$q = R/i = P_m/P \tag{1.23}$$

方程（1.22）和方程（1.23）表示，财富 W 是由货币 M、债券 B 和股票或实物资本 k 所组成的，资本存量（股票或实物资本品）的

价值是由相对价格 q 所决定的。q 还可以用资本边际效率 R 对利息率 i 的比率来决定，或资本品的市场价格 P_m 对它的生产成本 P 的比率来决定，如方程（1.22）所表明的。在均衡条件下，单位资本品和消费品的价格应该是相等的，这是由于同质的收入假设。当 q 不等于 1 时，投资将发生变动，由此带来金融市场上股票价格的变动（Tobin，1980）。Tobin 的 q 理论表明了资本存量和流量的相对价格关系，这也涉及资产选择理论。这个分析实际上表明，资本存量价值不仅依赖于商品市场中流量的供给与需求，而且依赖于金融市场的资产选择，进而联系到资本品和消费品的相对价格。当新投资被加入模型中反映相对价格的变动时，货币和资产选择将进入相对价格的决定中来。然而，Tobin 并没有把他的分析与价值理论或相对价格的决定联系起来，而仅仅局限于分析风险与金融资产收益之间的关系，其中货币并不与相对价格相联系，而是与不确定性和价格刚性相联系。当货币和其他金融资产被加入这个模型中时，不确定性和价格刚性的假设将难以保持，因为实际余额效应或财富效应会发生作用，从而不确定性和刚性成为货币幻觉。

小　结

总体而言，20 世纪 60 年代以前，经济学家普遍关注经济增长的实物方面，却很少注意货币因素在经济增长中的作用。Keynes（1936）的《通论》和 IS-LM 模型奠定了宏观经济学的基础，传统货币经济学中短期货币对经济增长影响的分析主要是在这一框架下进行的。在 20 世纪 70 年代以前，货币经济学的发展主要是在总量模型基础上的改进和扩展。20 世纪 70 年代初，经济学家开始注意货币经济学的微观基础问题，这时期研究的主要思路是致力于在凯恩斯主义框架内（即在 IS-LM 分析框架内）寻找一个微观的基础，将新古典货币经济学融合进凯恩斯主义的分析框架内。

本章回顾了传统货币经济学发展、形成的过程。第一节由现代增长理论的起点哈罗德—多马模型出发，介绍了现代增长理论的基本研究框架索洛模型以及在此框架下引入货币的增长模型；第二节重点介绍了传统的短期货币和经济增长的分析框架 IS-LM 模型，以及新古典综合学派、货币学派和理性预期学派对该模型的修正。

第二章　货币经济理论的现代框架

　　直到 20 世纪 70 年代，传统的凯恩斯主义模型（IS-LM 模型）都是货币经济理论分析的主要工具，Sargent（1975）等人通过在 IS-LM 模型中引入理性预期，建立了货币经济理论的传统分析框架。但这种分析框架不具有坚实的微观基础，因而不能摆脱卢卡斯批判（Lucas critique）。进入 70 年代中期后，随着宏观经济学的发展，越来越多的货币经济理论分析文献强调模型的微观基础，力图使整个模型结构与经济个体的最优化行为相一致，这一趋势导致货币经济理论的分析方法发生了重大的转变：动态随机一般均衡（DSGE）模型取代 IS-LM 分析，成为大部分现代货币经济理论研究的基本框架。与之前的分析框架相比，货币经济理论分析现代框架的意义在于：一方面，它使研究人员更加注重考虑经济动荡的潜在来源，在丰富货币经济学理论本身的同时也使该领域的研究和其他宏观领域的研究方法更为一致，使得关于货币、通货膨胀、经济周期、货币政策及其关系的分析可以在一个统一的框架中展开；另一方面，该模型在货币政策实践上为基本福利政策提供了依据，为通货膨胀目标制度和其他货币政策制度提供了有力的分析工具，为货币政策实践的进一步发展提供了可能的支持。

第一节　现代宏观经济建模发展

　　随着社会经济实践的发展，西方经济学对货币与产出关联性的研究重点已从最早外在关系的确认发展至后期内在传导机制的探讨。现代货币经济理论本质上是着眼于通过宏观经济建模模拟现实经济运行情况，运用量化方法评价货币冲击效应对经济产出的实际影响大小，为经济调控提供"定量"的参考。虽是全新角度，但鉴于其对现实经济的贴合性，该领域相关命题已成为当今西方主流宏观经济学家的研究重点。这不仅反映出宏观经济学研究方法进步对分析货币经济现实问题的有效促进作用，同时也表明随着社会经济实践的发展，货币经济学科已不再单纯满足于从抽象逻辑层面推演命题，而是更多地以解决现实问题为导向。随着数学与计算机技术的发展，以宏观经济学模型为基石的量化分析愈发成为现代货币经济学主流的研究方式，

　　对宏观经济学模型的分类可以从不同层面进行。其中一种实用的方法是沿着理论一致性与数据一致性的标准进行讨论。在英格兰银行发展其用于预测的宏观经济模型的过程中，Pagan（2003）引入了一个非常简单、明了的图表，来说明宏观经济模型在理论和数据之间的取舍。据此，我们可以将目前所使用的主要类型的宏观经济学模型划分为以下几种类型（如图 2.1 所示）。

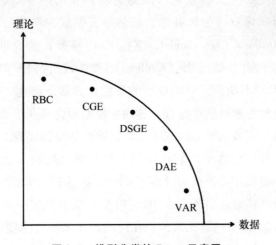

图 2.1　模型分类的 Pagan 示意图

　　Pagan（2003）的分类图中所涉及的主要宏观经济学模型包括以下几类：真实经济周期模型（Real Business Cycle Model，简称 RBC

模型）；可计算的一般均衡模型（Computable General Equilibrium Model，简称 CGE 模型）；动态随机一般均衡模型（Dynamic Stochastic General Equilibrium Model，简称 DSGE 模型）；动态总量估计模型（Dynamic Aggregative Estimated Model，简称 DAE 模型）；向量自回归模型（Vector Autoregressions Models，简称 VAR 模型）。从图 2.1 看，上述模型在理论一致性与贴近经验数据之间的取舍是显而易见的：一方面，直接对计量经济指标的理论关系进行解释，可能导致模型的不准确，同时伴随着估计的低效率与不必要的错误预测；另一方面，为保证模型特性及其与数据估计结果之间的一致性，又往往需要在设定模型时，不必过度关注相关理论。

一 校准理论模型（CGE 和 RBC 模型）

相较于其他模型，校准的一般理论模型，即所谓的可计算的一般均衡模型的构建（Computable General Equilibrium Model ，即 CGE 模型）更偏重于理论。这类理论模型给出明确的函数形式和选定的模型参数，以便产生能够复制可观测到的商业周期波动的时间路径。CGE 模型在国际贸易中具有悠久的传统，但现在主要与真实经济周期（Real Business Cycle Model，简称 RBC 模型）研究联系在一起。RBC 模型最初由基德兰德（Kydland）和普雷斯科特（Prescott）开创。与 CGE 模型相同，RBC 模型的参数也通常是通过"校准"得到的，因此，没有参数估计过程。这两类模型的优点在于具有牢固的微观经济基础，其表达形式体现了具有前瞻性的经济代理人从事资源配置的最优途径。但由于它们往往没有经过统计检验，也没有参数估计，因此不能提供有价值的预测工具，主要用于解释和阐述，以及进行理论一致性检查。另外，在 RBC 模型中货币是超中性的，因而货币政策在 RBC 模型中是无效的；在此基础上 RBC 模型进一步将新古典主义研究方法应用于财政政策分析，得出财政政策也无效的结论。因此，RBC 模型不能用于货币和政策分析，这使得 RBC 模型对经济周期的解释力大打折扣，也成为此类模型最大的缺陷之一。

二 动态随机一般均衡（DSGE）模型

DSGE 模型的理论基础主要来源于两个方面：其一是 RBC 理论；其二是新凯恩斯主义理论。概括来说，DSGE 模型以新凯恩斯的理论为基础，运用 RBC 模型的动态一般均衡方法，并引入了多种外生随机冲击。刘斌（2008）概括了 DSGE 模型的三个主要特点：其一，DSGE 模型在理论上具有严谨性和一致性，使其具有坚实的微观经济理论基础，并且从根本上保证了宏观与微观经济分析的一致性，并使模型具有良好的整体特性；其二，DSGE 模型在建模框架上呈现出显性的结构特点，使模型在开发者与应用者之间得到沟通和提高，模型的模拟和预测结果得到理解和可信；其三，DSGE 模型在政策分析上具有优越性，DSGE 模型的结构性特点使其能够避免 Lucas 批判，从而在政策分析和评价中发挥巨大作用。由于 DSGE 模型的上述特点，DSGE 模型成为近年来宏观经济及货币经济理论分析方面关注的一个重要研究方向，也是中央银行在经济建模方面的一个新视角。

DSGE 模型的问题是传统上它们一直采用线性化的处理方法并使用滤波后的数据进行估计。这样处理的原因是，一方面，在静态均衡情况下，DSGE 模型的一阶泰勒展开线性表示式在计算与估计的处理上更具便利性。但另一方面，经济数据经由滤波被分离成经济周期部分和长期增长部分，而后者在建模时却没有被使用，这使得模型在预测时的有效性大打折扣。由于人们往往对经济变量的实际水平更感兴趣，而 DSGE 模型在对数线性化过程中却忽略了很多有用的信息，线性化后的 DSGE 模型通常只能解释变量对其稳态偏离的部分。更有甚者，对数线性化模型还可能造成模型估计的偏误。Altolia 等（2009）在一个新古典拉姆齐经济增长模型（Neo-Classical Ramsey Economic Growth Model）中对对数线性化所造成的偏误进行了分析，结果发现，对数线性化在某些特定的情形中造成了偏误，而这在福利分析中尤甚。

当前，非线性模型的估计和求解已经成为 DSGE 模型相关研究领域的热点问题。最早进行非线性方法探讨的是 Juillard 和 Collard

（1999，2000），这之后的发展包括 Schmitt-Grohe 和 Uribe（2004）采用二阶扰动分析（Second-Order Pertubation Analysis）方法求解 DSGE 模型，Fernandez-Villaverde 和 Rubio-Ramirez（2007）使用变换变量的方法（Change of Variables）和高阶扰动分析方法求解等。这些研究均采用高阶扰动分析方法对动态模型进行求解与分析，但是由于加入高阶项之后模型的处理变得更为复杂，这也使得高阶扰动分析方法在研究中较少为研究者所采用。Schorfheide（2012）对这一领域的研究文献进行了综述，并认为使用非线性方法可以在很大程度上避免 DSGE 模型的偏误。与线性 DSGE 模型相比，非线性方法通过变量的风险修正项对模型线性化产生的偏差进行了修正，因而在经济政策的福利分析、金融资产定价分析等领域的研究中，非线性 DSGE 模型框架及其分析方法能够更好地展开分析，也能够较好地规避线性化 DSGE 模型所带来的偏误。

三　动态总量估计（DAE）模型

在理性预期革命以前，即从 20 世纪 50 年代末到 70 年代初期，主流的宏观经济模型是大型的联立方程模型。其中代表性的模型是以考尔斯委员会（CC—Cowles Commission）标准为范式的结构性模型。考尔斯结构性模型的最大特点是基于数理经济学的先验理论，通过构建联立方程组描述现实经济。针对不同的研究侧重点又可分解为相应的局部市场模块、部门模块或行为主体模块，"结构性"特征极为明显，尤其适用于对某些特定条件下宏观经济现象的描述。此外，为易于识别，模型构建过程中内生变量和外生变量有着严格的界定。早期结构模型在参数估计上主要使用的是普通最小二乘法——OLS，后期随着统计学的不断发展，间接最小二乘法、工具变量、全信息最大似然估计、限定信息最大似然估计也在此类模型中被广泛使用。

尽管考尔斯结构性模型的开发对西方现代宏观经济学的发展起到了极大的促进作用，但不可否认，该范式本身存在诸如先验决定的内生及外生性，先验可识别结构方程、动态稳定系统等一系列严格的假定条件，给完全模拟现实经济运行造成了一定的困难。同时，该类宏观模型的最大缺点是不具有内在一致性。在微观方面，经济学家强调经济主体的理性，消费者在预算约束下效用最大化，生产者在生产函数约束下利润最大化，但是一旦到了宏观层面，经济学家则依赖于一些和理性及优化完全无关的总体曲线来解释问题，因此宏观模型被诟病为缺少微观基础。一方面，60 年代的宏观模型突出强调外在一致性却忽略内在一致性，为了完备地分析复杂的经济现象，经济模型需要大量的方程和变量。同时，宏观经济建模往往是依据部门构建的，部门和部门之间没有被整合为一个一致的整体，为了提高模型的预测能力，模型的构建者经常在其中的某一个部门加入一些解释变量或者被解释变量，而根本不考虑部门之间的相互联系。另一方面，内在性一致性的缺乏使得大多数的方程是统计方程而非行为方程。

目前，这类动态总量估计模型（DAE 模型）也已通过纳入理性预期等方法得到了不断改进，因而仍被世界各国的中央银行和经济预测者广泛用于预测和政策制定。其中一类小型的动态总体计量模型已经出现，代表性的如 Garratt（2003）和 Bardsen & Nymoen（2005）的研究。这些模型通常十分注重模型的稳态性能以及协整关系的估计。与向量自回归（VARs）模型相比，宏观计量模型的参数通常要少很多，因此相关参数和预测的不确定性要小得多。但由于没有微观经济一般均衡框架，宏观计量模型在经济行为的解释方面又不如校准模型清楚。

进入 21 世纪以来，宏观计量模型出现了一种新的综合形式，其中一种方法由 Del Negro 和 Schorfheide（2004）率先提出，他们将 VAR 模型和 DSGE 模型在贝叶斯框架中结合起来，其主要思路是从 DSGE 模型中生成模拟数据，并将这些数据添加到实际数据中，得到一个对数据拟合程度更高的 VAR 模型，然后以这个 VAR 模型作为基准，可以评估 DSGE 模型。这种方法结合了 DSGE 模型和 VAR 模型的优点，在文献中被称为 DSGE-BVAR 方法。Del Negro 等人（2004）使用该框架对 Smets 和 Wouters（2003）的新凯恩斯模型进行评估。他们总结道："即使是大型的 DSGE 模型在一定程度上也不是十分准确，而放宽它们的一些限制将导致经验性能的改进。"

宏观计量模型发展的另一个方向则是改进构造模型的技术。从表面上看，这属于非传统宏观经济学的范畴。例如，不同于 DSGE 模型的经典假设，工资的形成在很大程度上并不取决于孤立的家庭，而是工会和企业的讨价还价。经济学家们利用博弈论来对工资进行建模，通过由微观机制产生的理论模型作为宏观模型稳定状态的近似，并将其作为详细阐述实证模型的要点。沿用此种思路，经济学家们已开始尝试在大型的宏观计量模型中引入异质性代理人，并据此处理数据时间序列方面的问题。

四 向量自回归模型（VARs 和 SVARs）

相对于校准模型对理论一致性的强调，向量自回归模型（Vector Autoregressions Models，简称 VAR 模型）更强调模型的数据一致性。VAR 模型是所有宏观计量模型中对数据依赖程度最高，而最缺乏经济理论基础的模型。这一特点使得 VAR 模型在创立之初就广受批评。VAR 模型最初由 Sims（1980）提出，Litterman（1986）的论文则进一步强化了 VAR 方法的实用性。正如 Maddala 和 Kim（1998）所述，由于其"以系统惯性及动态特征为核心"的建模原则，VAR 模型相比于传统方法在预测及政策模拟方面的优势极为明显，因此 VAR 模型在 20 世纪 80 年代迅速普及，被大量应用于宏观政策研究，并成为主要发达国家央行的首选决策分析工具。

随着时间的推移，VAR 模型已在实践中得到了不断的改进。从最初完全依赖数据的、不加任何约束条件的 UVAR（Unrestricted VAR），到考虑宏观经济数据的小样特性、在对估计参数施加某些约束条件后再行估计的改进型 BVAR（Bayesian VAR），再到以宏观经济理论作为约束条件的 SVAR（Structural VAR），直至最新着眼于全局变量的 GVAR（Global VAR）。以揭示宏观经济现实为核心的 VAR 模型及其变化形式已成为当今宏观经济学研究重要的分析范式之一，应用面较广。VAR 模型已拥有越来越多的追随者（Genberg and Chang，2007；刘斌，2003），并且在经济预测领域发挥了重要作用。

　　从本质上分析，VAR 模型是自回归（AR）模型在向量空间上的扩展，通过将所有变量内生化，通过最精简的经济假设发掘时间序列的变化规律，因此运用于动态性的预测分析具有先天的优势。此外，VAR 及其变化模型的另一特点是便于进行政策模拟。由于建模过程的相对开放性，针对所研究问题的不同，VAR 易于通过施加识别约束的方式赋予模型一定的经济学含义，使新合成的模型（SVAR）对现实经济的模拟效果大大增强。如利用 SVAR 系列模型建立价格冲击、技术冲击、财政政策冲击、货币政策冲击的响应函数，可以更加深入地分析变量间的相互影响关系，以解释宏观经济波动的内部过程，为政策调控提升分析的精度和准度。

　　虽然 VAR 模型以其相对突出的预测及模拟能力广受好评并应用广泛，但不可否认依然存在一定的缺陷。首先是对数据的过分依赖及对经济学理论因果传导机制的弱化。尽管该缺陷通过嵌入冲击构建 SVAR 的方式可以在一定程度上缓解，但从根本上而言，VAR 的分析逻辑依然是归纳式，较为随意，侧重于检验理论，而并非是通过演绎的方式描述现实经济现象本身。所以基于实证主义经济学方法本身而言，VAR 系列模型无法单独使用，需要与其他方法相结合才能形成完整统一的分析逻辑。其次，即使放宽经济学研究方法的要求，VAR 模型本身的规模同样受制于变量和滞后项的数目，如果赋值过多，模型本身也是无法求解的。

第二节　DSGE 模型的发展

一　从 RBC 模型到 DSGE 模型

　　20 世纪 70 年代，传统的宏观经济分析出现了重大的转折。在经济实践方面，70 年代的两次石油危机使得经济学家对于供给因素对宏观经济的影响产生了浓厚的兴趣；滞胀的出现则使得传统的凯恩斯主义在解释高通胀和经济衰退共生现象时面临重大挑战。与此同时，Nelson 和 Plosser（1982）等的实证研究表明：经济增长率呈现的是随机游走的状态。相对于货币扰动而言，由真实因素造成的随机冲击对经济周期的影响更为重要。在理论方面，Lucas critique（Lucas，1976）从理性预期的原理出发，提出当经济发生变化的时候，经济主体也会相应地调整自身的行为。而传统的宏观经济分析（IS/LM-AD/AS）模型当中的这些参数是依据过去的数据计算出来的，依据这些参数对政策变化的结果进行估计很可能会得到错误的结论。而Sims（1980）则从计量经济学的角度提出Sims critique，认为传统宏观经济计量模型建立在众多不经检验或者无法检验的约束前提之下，因此模型的实证预测是不可靠的。

在理论与实践的双重挫败下，凯恩斯理论逐渐让位于后来的"理性预期学派"。一方面，通过"理性预期革命"，宏观经济学家认识到了动态分析，即考虑经济个体跨期最优选择对理解经济运行的规律至关重要。另一方面，由于"预期"在宏观分析中的重要地位，宏观模型必须对这一因素做出令人满意的处理。这方面，"理性预期"是研究者最好的选择。"理性预期"在本质上要求一般均衡的分析方法（Sargent，1982），即分析宏观经济体系中消费者、厂商、政府等每一个参与者，在根据其偏好及其对未来的预期下所做出的最优选择的总和。"随机"，被用来描述经济体系受到各种不同的外生随机冲击的影响。至此，"动态"（dynamic）和"随机"（stochastic）再加上理性预期所要求的"一般均衡"（general equilibrium）构成了宏观分析的三个必要要件。此后，动态随机一般均衡模型逐渐成为宏观分析的主要模型工具。DSGE模型的主要优点在于：一方面，它可以避免卢卡斯批判，让政策实证预测具有意义；另一方面，通过脉冲响应函数分析，DSGE模型可以揭示经济体系各个外生冲击的动态传导过程，进而了解不同的冲击对于经济体系的动态影响。此外，由于模型以一致的方式呈现，即所有的经济个体都根据偏好做出最优决策，因而模型中没有任何任意而武断的先验设定（ad hoc settings）。

迄今为止，DSGE模型在发展的过程中演化出两大学派，即"真实商业周期"（Real Business Cycle，简称RBC）理论和新凯恩斯DSGE模型（New Keynesian（NK）DSGE Models）。这两派理论并不是在同一时期发展出来的。事实上，DSGE模型的前身为RBC模型，该理论是采用动态随机一般均衡方法分析经济波动的最初尝试，其创始人是 Kyland 和 Prescott（1982）。继他们之后，Plosser（1983）和 King（1988）等人进行了更加深入的研究，他们的研究成果共同构成了 RBC 理论，也被称为"老派的 DSGE 模型"（Old DSGE Models）。RBC 模型的基本假设前提基于以下四个方面：（1）跨期最优选择与一般均衡；（2）理性预期；（3）信息完全且对称；（4）完全竞争市场，价格灵活调整以保证市场出清。在这些前提下，RBC 理论的核心思想是：导致经济周期的根源主要是以技术冲击为代表的真实因素。经济波动是理性预期经济主体对技术冲击所引起的变动做出最佳反应来调整劳动供给和消费的帕累托最优调整结果。经济周期的任何时期都处于均衡经济状态，政府没有必要干预经济，而且干预反而会造成人们福利水平的降低。

二 DSGE 模型的发展

早期的 RBC 模型只强调真实冲击（技术性冲击）的重要性，之后数十年间的相关研究十分丰富。经济学家们发现 DSGE 分析框架能较为便利地引入多种经济学假设，因而将其发展成为当今宏观经济波动分析的主流工具。在动态随机一般均衡以及价格完全调整与市场出清等古典架构下，探讨的主题包括货币与货币政策（King and Plosser，1984；Cooley and Hansen，1985、1995），劳动市场（Christiano and Eichenbaum，1992；den Haan et al.，2000），财政政策（Aiyagari et al.，1992；Baxter and King，1993；Aiyagari，1995），公债问题（Aiyagari and McGrattan，1998），以及国际经济周期（Mendoza，1991；Backus et al.，1992；Stockman and Tesar，1995）等。值得一提的是，由于最初的 RBC 模型中抽象掉了货币因素，因此无法用来对货币经济波动及货币政策做出分析。近年来，在保留 RBC 理论跨时优化和市场出清假设的前提下，垄断竞争、价格和工资黏性（stickiness/rigidity）等凯恩斯元素（Keynesian elements）被引入了 DSGE 模型。Woodford（2003）将由此形成的现代 DSGE 模型新范式称为"新凯恩斯主义"（New Keynesian）理论。Goodfriend and King

(1997）称其为"新新古典综合（New Neoclassical Synthesis）新凯恩斯主义经济学家将 RBC 学派的一般均衡方法以及凯恩斯所强调的经济中的"名义刚性"（nominal rigidities）结合起来，其基本做法是在不确定性条件下，从前瞻性的家庭、厂商以及货币当局的最优化问题中推导出整个经济的均衡条件。与传统凯恩斯主义模型相比，新凯恩斯主义理论为解释工资和价格黏性现象提供了一个可以接受的微观基础，使其能够应对卢卡斯批判；而各种刚性（如不完全竞争、价格黏性）的存在，又使货币政策可以对实体经济产生影响，从而弥补了 RBC 理论的不足。

时至今日，DSGE 模型发展日渐成熟。一方面，由于 DSGE 模型强调数量分析（quantitative analysis），通过参数估计（estimation）与模型校准（calibration），经济学家们可以从实际经济数据的角度对理论模型进行实证检验，从而对模型的良莠进行判断，并在此基础上对未来经济进行预测。另一方面，由于 DSGE 建立在经济主体最优化决策的微观基础之上，这不但可以使其免于卢卡斯批判，而且不会因预期的改变而影响该模型政策实验（policy experiment）的分析结论。基于上述优点，DSGE 模型已成为宏观经济学重要的研究方法之一，其发展受到学术界和货币政策制定机构的高度关注。

第三节　DSGE 模型的构建和求解

本节致力于对构建和求解 DSGE 模型的主要步骤作简要的介绍，以期展示如何将一个具有微观基础的前瞻性宏观模型简化为具有向量自回归模型结构的经济系统。为具体化起见，我们借鉴了 Woodford（2003a）新凯恩斯模型的建模思想：该 DSGE 模型由大量代表性经济人组成，他们既是消费者又是生产者。经济代理人选择消费 C_j，劳动 L_j 以及名义债券 B_j，个人产出 Y_j 以及个人产出价格 P_j 以期在给定个人产出需求弹性和以 Rotemberg（1982）形式设定的价格二次调整成本的约束下，最大化其效用。根据上述模型的假设，以个体最优化为分析基础，可以推导出代表性经济人的最优跨期决策行为。

一　DSGE 模型的构建

在预算约束、总资源限制、技术限制以及对其生产产品需求进行限制的约束条件下，代表性经济人将对个人消费、劳动、价格以及债券持有做出选择，使得其效用和利益最大化。第 i 个代表性经济人（消费者—生产者）的优化问题为下述目标函数最大化问题的解：

$$\max_{C_{I,T},Y_{I,T},B_{i,t},P_{i,t}} E_0 \sum_{t=0}^{\infty} \beta^t \left(\frac{C_{i,t}^{1-\gamma}}{1-\gamma} - L_{i,t} \right)$$

该目标函数的约束条件如下：

$$B_{i,t} + P_t C_{i,t} = P_{i,t} Y_{i,t} - \frac{\varphi}{2} \left(\frac{P_{i,t}}{P_t} - \pi_t^* \right)^2 P_t C_t$$
$$+ (1 + R_{t-1}) B_{i,t-1} \quad \text{个人预算限制}$$

$$C_t \equiv \sum_{i=1}^{I} C_{i,t} = \sum_{i=1}^{I} Y_{i,t} \quad \text{总资源限制}$$

$$Y_{i,t} = z_t L_{i,t} \quad \text{技术限制}$$

$$Y_{i,t} = \left(\frac{P_{i,t}}{P_t} \right)^{-\theta} C_t \quad \text{需求函数}$$

此处 C_t 代表总产出；P_t 代表了总价格水平；β 是主观贴现因子；θ 是需求弹性；γ^{-1} 测量了跨期消费替代弹性；φ 衡量了对相对价格进行调整，使其不同于 π_t^*（中央银行通胀目标）的成本，R_t 是名义利率水平，Z_t 代表了劳动生产率，E_0 代表了数学期望。在此我们假定中央银行根据泰勒规则调控利率：

$$R_t = \delta \left(\frac{\pi_t}{\pi_t^*} \right)^{\lambda_\pi} \left(\frac{C_t}{C_t^*} \right)^{\lambda_y} e^{v_t} \quad \text{利率规则}$$

此处，δ 为一个常数；λ_π 和 λ_y 是政策反应参数；π_t^* 和 C_t^* 分别是通胀和产出的目标水平；v_t 代表随机的政策冲击。我们注意到在长期均衡和缺乏冲击的情况下，消费和通胀将会和它们的目标水平相一致，意味着名义利率达到均衡水平 θ，可以将其看作利率的中性水平。因此，模型中假设存在两个外生冲击，用以描述经济波动的现象，即生产力冲击和货币政策冲击。假定这两个随机冲击服从下面的线性过程：

$$z_t = \rho z_{t-1} + \varepsilon_t; \varepsilon_t \sim i.i.d.(0, \sigma_\varepsilon) \quad 外生冲击$$

$$v_t \sim i.i.d.(0, \sigma_v)$$

二　均衡条件的推导和近似

由上面的推导可知，经济主体优化行为得到的一阶条件大多是非线性的。因此，通常要在模型变量稳态值处将其进行泰勒展开，以得到线性化的 DSGE 模型，使其更容易进行处理。在本模型中，假定所有的代表性经济人都是同质的，他们在均衡的条件下都会做出同样的选择，因而我们能在下面的分析中消掉脚标 i。以下将对上述线性化后的新凯恩斯 DSGE 模型之最优化宏观经济行为方程做出说明：

1. 消费者欧拉方程：

$$E_t \hat{C}_{t+1} = \hat{C}_t + \gamma^{-1}(\hat{R}_t - \hat{E}_t \hat{\pi}_{t+1}) \tag{2.1}$$

（2.1）式说明当期消费 $\hat{C}_t$ 受预期消费水平 $E_t \hat{C}_{t+1}$ 和当前实际利率（$\hat{R}_t - \hat{E}_t \hat{\pi}_{t+1}$）的影响。

2. 通货膨胀的演进方程：

$$\hat{\pi}_t = \beta E_t \hat{\pi}_{t+1} + \frac{\theta - 1}{\varphi}(\gamma \hat{C}_t - z_t) \tag{2.2}$$

（2.2）式所阐释的通货膨胀演进规律也被称为新凯恩斯菲利普斯曲线（New-Keynesian Phillips curve），它表示当期的通货膨胀 $\hat{\pi}_t$ 取决于下一期的预期通货膨胀 $E_t \hat{\pi}_{t+1}$ 及当期的边际成本（$\gamma \hat{C}_t - z_t$）的影响。

3. 政策规则：

$$\hat{R}_t = \lambda_{\hat{\pi}} + \lambda_y \hat{C}_t + v_t \tag{2.3}$$

（2.2）式说明货币政策规则采用泰勒规则，即假定中央银行货币政策会对通货膨胀和产出缺口做出反应。

上述模型中变量上的尖符号表示以对数形态表示的对稳态的偏差。从模型结构可以看到，当给定一个外生冲击时，上述模型可以贴切地描述和预测通货膨胀、消费和名义利率这三个内生变量将如何随着时间而演化。

三 线性系统的求解

总体来看，上述前瞻性的递归系统可以通过计算机程序法加以解决。解决方法采取如下形式的向量自回归。

$$X_t = AX_{T-1} + BZ_z$$

这里 A 和 B 是系数矩阵，其系数依赖于模型的深度行为参数和政策参数。此处 X_t 是内生变量向量，即 $X_t = [\hat{C}_t, \hat{\pi}_t, \hat{R}_t]'$，而 Z_t 代表外生随机变量驱动过程，也即 $Z_t = [z_t, v_t]'$。可以看到，DSGE 模型的表达式非常类似于计量经济学模型中 VAR 模型的表达式，两者的不同之处在于 DSGE 模型对于系数矩阵 A 和 B 都施加了与模型的经济结构相关的约束，而 VAR 模型中施加的约束往往不是确定地来源于某一个模型。

四 DSGE 的模型参数估计

DSGE 模型虽然具有坚实的理论基础，但如果其求解结果不能很好地反映实际经济数据的特征，那么该模型也不是一个有效的模型。由于模型的求解结果依赖于模型中参数的值，由此如何对模型中的参数进行设定是 DSGE 模型中的一个重要环节。DSGE 模型中的参数可以分为两类：一类是反映模型稳态特性的有关参数；二类是反映模型动态特性的有关参数。对于第一类参数，通常采用校准（calibration）的方法来设定；对于第二类参数，通常采用估计的方法来确定。常用的估计法有极大似然估计法和贝叶斯估计方法。

校准法的主要内涵在于通过模型的理论矩尽可能与观测数据一致而得到相关的 DSGE 模型参数。也就是说，根据经验研究来确定模型的参数，进而对实际经济进行经验的模拟研究的方法。校准在早期得到了较为广泛的应用，它有利于模型进行进一步的研究修正。然而它也存在多方面的缺陷：首先在于参数的设定上，有些参数是根据经验研究设定的，有些是根据理论推导得来的，有些则来自经济在稳态的表现。由于依据不一，设定方法值得推敲。其次模型参数都是主观模拟的结果，缺乏理论基础，也存在客观是否存在的问题。

20 世纪 90 年代以来，DSGE 模型动态变得更加丰富，在数据拟合方面进一步提高。同时，计算机技术的提高，也使得更传统的计量技术得到应用。相对于完全凭借观测数据的经验值校准法而言，对参数进行估计使得参数设定具有良好的统计学基础。早期对于 DSGE 模型所使用的估计方法是完全信息的极大似然估计法。极大似然估计法的操作分四步：首先将线性的理性预期的 DSGE 模型表示为简化状态的方程式；再用观测方程将不可观测变量与观测变量联系起来；然后用卡尔曼滤波得到关于模型参数的似然函数；最后通过最大化该似然函数来得到模型的参数值。极大似然估计法最主要的问题在于假设 DSGE 模型就是真实的数据产生过程（Data Generation Process，简称 DGP），而这一假设有可能由于模型的误定义而在实证中被拒绝。

从 Schorfheide（2000）开始，利用贝叶斯方法估计 DSGE 模型逐渐成为一种趋势；贝叶斯方法提供了一个逻辑一致的框架，可以将参数先验信息和样本信息结合起来。先验分布设定了参数的可能取值，这些可能来自于模型稳态条件或者过去的经验。先验分布和似然函数结合得到参数的后验分布函数，模型的检验和评估通过后验概率进行。贝叶斯方法同样利用似然函数，但是将似然函数看作基于模型和参数数据的条件概率：$L(\theta_A \mid Y_T, A) \equiv p(Y_T \mid \theta_A, A)$，基于贝叶斯定理，观测数据将先验分布更新为后验分布：

$$p(\theta_A \mid Y_T, A) = p(Y_T \mid \theta_A, A) \, p(\theta_A \mid A) / p(Y_T \mid A)$$

这里分子是条件概率和先验分布的乘积，又叫做后验核；分母是基于模型的数据的边缘密度，可以由后验核对参数积分得到。后验核除以边缘密度就是后验分布 $p(\theta_A \mid Y_T, A)$。对特定的模型而言，边缘密度是常数，因此 $p(\theta_A \mid Y_T, A) \propto p(Y_T \mid \theta_A, A) \, p(\theta_A \mid A)$。对于参数 θ 最大化对数的后验核，就得到后验分布的众数。贝叶斯方法相当于受约束的最大似然方法，先验分布 $p(\theta_A \mid A)$ 在似然函数 $L(\theta_A \mid Y_T, A)$ 上加了一个乘法因子。先验分布有助于识别参数，这在只有小样本数据的时候特别重要；同时后验分布最大化相对于似然函数最大化更容易。贝叶斯方法可看作是介于校准和最大似然方法之间的一种方法：当参数的先验分布是退化分布（分布标准差为0）时，就等价于校准；当先验分布为"不明确"（noninformative）时，就等价于最大似然方法。

如果模型中有一些参数无法确定，DSGE 框架往往采用敏感度分析（Sensitivity Analysis）的方法来考察这些结构性参数的变化对于模型结论的影响：如果参数的变化对于模型结论影响较小，则表明了模型结论的稳健性；相反，则说明模型结论不具有稳健性。

五 DSGE 模型的模拟和评估

在参数估计的基础上，DSGE 模型采用 VAR 模型或者贝叶斯向量自回归模型（Bayesian Vector Auto-Regressive，简称 BVAR）的贝叶斯脉冲响应函数（Bayesian Impulse Response Fuction）来反映外生冲击对于模型主要内生解释变量的影响，采用条件方差分解（Conditional Variance Decomposition）或者采用贝叶斯条件方差分解（Bayesian Variance Decomposition）方法考察不同的外生冲击在内生解释变量波动过程中的作用大小。

由于 DSGE 模型框架设定的主要目的是对模型中各个内生解释变量相互作用的机制以及外生冲击的传导机制进行有效的刻画，因此，对于 DSGE 模型本身的评估就尤为重要。已有的研究主要采用了如下方法对 DSGE 模型本身进行评估：（1）敏感度分析法。这一方法往往采用对几个关键的结构性参数进行不同取值，考察取值的改变是否使得模型的结论发生显著性变化。（2）VAR 敏感度分析。由于 DSGE 模型框架主要采用的是 VAR 模型来考察外生冲击的效应，因而采用不同的 VAR 模型就具有较大的可行性，通过比较不同的 VAR 模型的结果，可以对模型的稳健性进行评判。（3）模型预测。即采用 DSGE 模型的结论对现实进行预测，观测模型的预测结果与经济现实的差距。

第四节　运用 DSGE 模型进行货币经济理论分析

在经验研究方面取得的巨大进展使 DSGE 模型更适合于解决相关的政策问题。这些模型可以回答以下一些问题：（1）何种扰动是导致经济波动的主要原因？（2）在特定冲击下，某个变量或一组变量在未来变动的路径如何？（3）政策制定者如何针对扰动设计政策工具？随着 DSGE 模型对这些方面研究的不断深入，已取得的部分成果已经成为非常有价值的货币政策分析工具，并且越来越多地被货币政策制定机构所采用。DSGE 模型在货币政策分析中的应用主要集中在三个方面：一是货币政策的有效性分析；二是最优货币、财政政策分析；三是用于货币政策传导分析。

一　货币政策的有效性

对货币政策有效性的研究几乎没有争议，均认为货币政策对产出等实际经济具有真实效应。Gali（2000）认为，在黏性价格模型里，货币政策冲击对产出的影响显著而持久，黏性对货币政策的非中性非常重要。Huang Liu（2002）等认为，在黏性工资和垄断竞争情形下，产出对货币政策冲击的响应具有较强的持久性。Kim（2000）在内生货币供应量规则下检验了货币政策的产出效应和流动性效应，并认为工资和价格黏性决定了货币政策的流动性效应是否存在。Kollman（2001）采用小国开放经济 DSGE 模型，表明正的国内货币供给冲击会导致本国利率下降，名义和实际汇率贬值，产出增加，说明开放经济下货币政策具有真实效应。Atta-Mensah Dib（2008）将金融中介机构纳入 DSGE 的框架，考察了不完全的信贷市场对货币政策效应的影响，认为如果货币当局采用前瞻性通胀目标的政策规则，则即使价格是完全灵活的，货币政策仍会通过信贷传导，即货币政策有效。对财政政策的研究有 Smets Wouters（2003），Beetsma Jensen（2005），Ratto et al.（2009）等，认为财政政策即政府购买冲击对经济具有真实效应。Beetsma Jensen（2005）运用黏性价格、开放经济的 DSGE

考察财政稳定政策的作用机制及其决定因素，认为产品的替代性越大，劳动供给弹性越小，则越要求积极的财政政策。Ratto et al. (2009) 沿袭 Smets Wouters (2003) 的研究，并将金融摩擦纳入其模型，研究表明财政政策的有效性。

二　最优货币和财政政策的协调研究

与传统的方法相比，DSGE 分析中的行为方程是建立在最优化基础之上的，这与福利分析的基础是一致的，这就提供了一种综合方法来研究经济周期和货币制定者对冲击的最优反应。给定一个具体的冲击过程，以代表性家庭的福利来反映整个社会的福利，通过比较不同政策规则的福利结果，可以对最优货币、财政政策进行研究。使用 DSGE 方法进行最优政策研究的重要文献是 Rotembers 和 Woodford (1997, 1995) 的文章，他们的研究结果表明，如果货币政策把平均通胀率降得更低，代表性家庭的福利就会有很大的改进。CGG (1999) 认为，最优货币政策要求名义利率对通胀敏感，即其对通胀的响应系数要大于 1，而对技术冲击保持不变。Gali & Monacelli (2000) 认为，在完全汇率传递即一价定律成立的开放经济中，最优货币政策要求通胀为 0 或接近 0，且名义利率不为 0，无需考虑汇率波动。Kollmann (2002) 考察了开放经济下最优泰勒规则，认为最优泰勒规则可以保证通胀稳定，但会导致汇率发生大的波动。Smets Wouters (2002) 考察了不完全传递汇率对最优货币政策的意义，最优货币政策应最小化国内和进口价格通胀的均值。Chung et al. (2007) 检验了小国开放经济的最优货币政策，认为即使汇率不完全传递和存在成本推动冲击，通胀目标的货币规则仍是最优的。

大量的 DSGE 模型表明，应该在包括具有重要作用的财政政策的综合框架下制定最优货币政策。现在，已有大量文献同时将最优货币政策和财政政策的制定加入 DSGE 模型中（Woodford，2003）。使用 DSGE 进行最优财政政策和货币政策的研究可以得到以下几个比较稳健的重要结论（Chari & Kehoe，2006）。第一，资本收入税在初期应该很高，然后降到零左右。第二，劳动和消费税应该基本保持不变。

第三，应该对资产的状态或有税提供保险以防止逆向冲击。第四，货币政策应该使名义利率保持在零左右。这些结论背后的逻辑在于拉姆齐政策平滑了税收扭曲，这意味着资本税应该接近于 0，而消费和劳动税应该基本保持不变。拉姆齐政策也意味着对无供给弹性的投入品征收重税是最优的。

三 货币政策传导机制

传统研究中对货币政策如何影响实体经济这一议题的探讨，大多通过传统的利率渠道（interest rate channel）进行，认为当发生未预期到的货币政策冲击时，利率的变动将会影响消费、投资和对外贸易，最终传导到这个经济体系。Bernanke，Gertler & Gilchrist（1996）首次在 DSGE 模型中考察了货币政策传导的信贷渠道（credit chan-nel），即由于逆向选择和道德风险等信息不对称问题的存在，货币政策可以通过影响银行的放款能力或者企业的资产净值变动从而影响银行放款或者厂商的投资意愿，进而影响实体经济。这种通过信贷市场放大初始冲击的机制称为"金融加速器"，它解释了信贷市场摩擦在"小冲击，大波动"中的作用。Bernanke，Gertler & Gilchrist（1999）在一个包含金融加速器的 DSGE 模型中引入了价格黏性以分析货币冲击对实体经济的影响。研究的结果表明，金融加速器对美国经济波动在定量意义上有重要影响。Aokictal（2004）将金融加速器机制应用到房地产部门。在模型经济中，房屋有两个作用；一方面房屋为消费者提供居住服务，另一方面，房屋作为一种抵押品可以降低借贷成本。结果表明，在一定的条件下，房屋的这种作用能够传导和放大货币冲击对房地产投资、房屋价格和消费的影响。在考虑信贷市场的结构变化时，货币冲击对消费的影响会增加，而对房屋价格和房地产投资的影响会降低。

利率渠道和信贷渠道都是从总需求的层面探讨货币政策对实体经济的影响，近年来，Barth Ramey（2002）& Chowdhury（2004）等的研究表明，货币政策也可以影响厂商的生产成本及总供给，从而对整体经济产生影响，这就是所谓的成本渠道。该传导机制的原理在于：

当发生未预期到的货币政策冲击时，利率变动影响了厂商用于生产的外部资金，导致其流动资本（working capital）发生改变，进而影响到厂商的边际行为、定价行为以及产出，造成产出与价格呈反向变动。此外，Blinder（1987），Christiano and Eichenbaum（1992）和 Christiano（1997）等的模型，都假设厂商在销售商品之前，必须先向金融机构借款融资用于预付工资，这些假设的存在使得利率效果可以通过金融机构的借款利率来影响厂商的边际成本和流动资本。换言之，成本渠道并非否定传统的利率管道的传导机制，而是将其延伸到了生产面。

此外，Barth Ramey（2002）和 Chowdhury（2004）等认为，成本渠道传导机制可能由于异质的金融结构与不同的利率转嫁程度而改变，进而使货币冲击的传导效果也发生变化。Chowdhury（2004）考虑了金融市场的摩擦，对以边际成本为主的混合型（hydrid）菲利普斯曲线进行了估计，以探讨利率和通货膨胀间的关系。此外，成本管道已经被运用于最优货币政策工具选择的研究中。如 Ravenna 和 Walsh（2006）将成本渠道引入了新凯恩斯模型，推出以边际成本为主的前瞻性（forward - looking）菲利普斯曲线，重新阐释了最优政策分析中关于稳定通货膨胀与稳定产出之间的权衡。

小　结

近十年来，现代货币经济理论的一个重要突破是动态随机一般均衡模型（DSGE 模型）的飞速发展和广泛应用，DSGE 模型的显性建模构架、理论一致性与宏微观经济基础的有机结合以及长短期分析的兼顾使得它成为现代货币经济理论建模的主要框架，同时作为宏观政策的重要分析工具和理论上的决策支持日益受到人们的重视。本章通过回顾宏观经济建模的发展历程，着重介绍了 DSGE 模型的建立、参数的获得和模型校准估计的相关内容及其在货币政策制定和政策分析方面的重要作用，以期对动态一般均衡模型的构造方法和发展状况进行系统的梳理。第一节简要介绍了 20 世纪 70 年代以来现代宏观经济建模方法的发展；第二节回顾了从真实商业周期理论到 DSGE 建模的发展和演变；第三节以一个标准 DSGE 模型为例，简要介绍了其数学建模，均衡条件的推导近似以及线性系统的求解问题，并从校准法、极大似然估计法和贝叶斯估计法三个方面论述了 DSGE 模型的实证检验；第四节从政策制定角度揭示了 DSGE 模型在货币政策分析上的重要应用。

第三章　现代货币经济学的微观基础

由于传统上一般均衡模型认为，经济运行自身是完善的，所以模型中缺乏实际经济运行过程中一种不可或缺的因素——货币。[①] 但在现实的经济发展进程中，货币在提高经济效益和社会福利方面发挥着重要的作用。因此，如何将货币的作用引入一般均衡的微观经济模型，以及回答实体经济和一般均衡模型中有哪些不同之处会导致货币具有正的价值，便成为建立货币经济学微观基础的首要问题。

将货币引入一般均衡模型的基本方法有三种：（1）认为货币是一种资产，主要用于资源的跨时转移，强调货币的价值贮藏职能（Samuelson，1958）。（2）假设货币直接产生效用，将货币余额直接置于模型中经济主体的效用函数中（Sidrauski，1967）。（3）假设进行交易时，一定要预先支付现金，因为物品不可直接买卖，一定要通过货币这一特殊中介方能进行交易（Clower，1967）。所有这些试图将货币引入瓦尔拉斯均衡框架的模型，以及它们的变形形式，均建立在典型的经济个体的选择理论基础之上。

第一节　世代交叠模型

如何在一个瓦尔拉斯一般均衡模型中解释货币为什么有价值这一问题，一直是货币经济学家所面对的一个巨大挑战。商品货币有价值

---

① Hahn（1965）发现，如果市场是完备的，那么在一个一般均衡模型中非货币均衡是帕累托（Pareto）最优的。也就是说，货币作为一种资产不可能有价值，因此不会存在。

是不言自明的，因为它的生产需要消耗成本，消费可以带来效用。法定货币只是政府发行的货币符号，本身毫无价值，生产成本几乎为零，发行者也没有做出它能兑换商品的承诺。为什么它会具有价值呢？在以选择为基础的经济学范式建立以前，经济学家对于这个问题的回答往往是描述性的，例如 Marx 对货币的起源、Menger 对货币职能的分析、Fisher 和 Keynes 的货币经济学。这些理论提出了解决问题的基本思想，但由于这些理论的方法论性质，它们都有一定的先验性（ad hoc），① 只能作为待检验的假说而存在。对该问题首先给出系统性回答的是 Samuelson（1958），他在一个纯粹消费的借贷模型中指出，尽管法定货币没有内在价值，但只要经济个体相信未来货币会有价值，那么他现在就愿意持有货币，即对经济个体而言，货币现在也有价值，在这种自我实现（self-fulfilling）的预期下，通过把法定货币当作价值储藏手段，代际间借贷可以顺利完成，整个社会的福利也将增加。Samuelson 的纯粹消费借贷模型为货币经济学提供了一个有吸引力的出发点，因为货币需求是作为理性的个体最优化决策的结果而内生的。在 Samuelson 之后，Wallace（1981）等经济学家对该理论作了进一步的发展。

　　世代交叠模型（Overlapping Generation Model）常被简称为 OLG 模型，它设想了如下一个经济：假定时间是离散的，经济中的个体能生存两个时期，（t 时期出生的人到 $t+1$ 时期就成为老人）。假定人口增长率为 n，第 t 期有 N_t 个完全相同的经济个体出生，$N_t = N_0 (1+n)^t$。若不存在生产，个人消费完全由禀赋收入支持。假定每位经济个体在年轻时被赋予一个单位的禀赋收入，记作 $W_{1t} = 1$，年老时没有任何收入。这样，经济个体在年轻时会具有储蓄的动机。在任何一个时期的开始，年轻人都会进行储蓄，而年老的人会动用储蓄。由于整个经济无投资，故总储蓄在均衡时必然为零。在每一个时点上，都同时存在着年老的一代和年轻的一代，假定各代个体的效用函数完全相同，是一个仅关于消费量的二次可微的函数，记为 $u(c_1,$

---

① 即各变量之间的平衡关系已被事先特殊界定，并不需要涉及决策人的优化问题。

c_2），满足 $u_1(\cdot,\cdot) > 0$，$u_2(\cdot,\cdot) < 0$，[①] 即消费品是正常商品。假定无差异曲线凸向原点，且边际替代率 $\theta(c_1,c_2) \equiv u_1(c_1,c_2)/u_2(c_1,c_2)$。

　　模型假定经济中只有一种商品，该商品是一种不能够存储的易腐消费品。通过这个假定，世代交叠模型将货币需求引入模型。由于商品不能贮藏，个体不能把年轻时所获得的消费品贮藏起来以备年老时用，因此，年轻人只能在年轻时消费完自己拥有的全部消费品，到年老时挨饿。显而易见，这种配置不是帕累托最优的。如果 t 时期年轻人可以把一部分消费品转移给没有收入的老年人，在 $t+1$ 时期自己年老没有收入时可以从下一代的年轻人那里获得部分消费品的话，所有的个体效用都可以得到提高。这样，货币作为一种将购买力从一个阶段向下一个阶段传递的方式就有存在的需要。没有货币，就没有办法使得这样一种代际间的借贷发生：年轻人将产品贷给老年人，但老年人不能在当前的年轻人变老时归还债务，因为当前的老年人在下一期已不存在。Samuelson 提出用法定货币来解决这一问题。由于法定货币的存在，年轻人相信下一代个体会愿意接受他们的货币，那么年轻人会出售他们的产品以交换老年人在前一阶段已经获得的法定货币并储存起来，到下一期向下一代换取商品。这种过程将会不断地循环下去，每一个个体的福利都得到了提高。未来货币有价值的预期使得货币在现在产生了价值，代际借贷在自我实现（self-fulfilling）的预期下，通过法定货币作为资源跨时转移的载体得以顺利进行。

　　假定在时刻 0，政府给老年人 H 张法币，若每一代人都相信可以用货币来交换到消费品，则 t > 0 时期出生的个体将选择适当的货币持有量以最大化他的跨时效用函数：

$$\max U(c_{1,t}, c_{2,t+1}) \tag{3.1}$$

$$\text{st}: p_t(1 - c_{1,t}) = M_t^d$$
$$p_{t+1}c_{2,t+1} = M_t^d \tag{3.2}$$

其中：$c_{1,t}$ —— 个体在年轻时的消费量；

---

① 此处 $u_1(\cdot,\cdot)$ 代表函数的一阶导数，$u_2(\cdot,\cdot)$ 代表函数的二阶导数。

$c_{2,t+1}$ ——个体在年老时的消费量（从下一代年轻人手中获得）；

p_t —— t 时期的商品价格；

M_t^d ——个体的名义货币需求量。

现在个体可以在 t 期和 $t+1$ 期两个时期都进行消费：年轻时出售部分消费品以换取货币，年老时再用这些货币换回消费品。求解上述最大化问题，得一阶条件为：

$$u_1(c_{1,t},c_{2,t+1})/p_t = u_2(c_{1,t},c_{2,t+1})/p_{t+1} \tag{3.3}$$

此处 $u_1(c_{1,t},c_{2,t+1}) = \partial u(c_{1,t},c_{2,t+1})/\partial c_{1,t}$，

根据效用函数的性质，由 $c_{1,t}=1-\dfrac{M_t^d}{p_t}$，而 $c_{2,t+1}=\dfrac{p_t}{p_{t+1}}(1-c_{1,t})$，

令人均实际货币持有额 $m_t=\dfrac{M_t^d}{p_t}$ 可知，（3.3）式蕴含如下的货币需求函数：

$$m_t = S(p_t/p_{t+1}) \tag{3.4}$$

由于在年轻阶段所得到的货币余额用于年老阶段的消费，所以这里 S（·）是 t 时期的储蓄函数，（3.4）式表明个体的货币需求等于储蓄。

在 t 时刻货币市场达到均衡时，即货币需求等于货币供给，老年人的全部货币将为年轻人所提供的消费品所吸纳，有：

$$(1+n)^t M_t^d = H \tag{3.5}$$

令货币回报率为 $1+g_t \equiv p_t/p_{t+1}$，考虑时刻 t 和 $t+1$，由（3.4），（3.5）式，有：

$$(1+g_t)^{-1}(1+n) = S(1+g_t)/S(1+g_{t+1}) \tag{3.6}$$

由于本模型只有两种物品（商品和货币），根据瓦尔拉斯法则，货币市场均衡导致商品市场也达到了均衡。

如果经济达到稳态（steady state），变量的下标 t 可以省略。由（3.6）式有：

$$g = n \tag{3.7}$$

令通货膨胀率为 π，有 $1+\pi_t \equiv p_{t+1}/p_t$，由（3.7）式可知，稳态时的通货膨胀率为 $\pi = -n/(1+n)$。也就是说，当货币存量不变

时，如果人口增长率很小，通货膨胀率近似等于负的人口增长率。

需要说明的是，模型不具有有限期界是法定货币具有价值的必要条件。由于世代交叠模型强调代际间的关系，即只有预计下一时期的人愿意以商品换取法定货币时，法定货币才会在任何既定时期的交换中具有价值。如果下一时期货币价值为零，那么它的现在价值必定也是零。推而广之，如果预期法定货币在未来的任何时期 T 是无价值的，那么它现在和时期 t 的所有价值都为零。由此我们得出，在自我实现（self-fulfilling）的预期下法定货币具有了正的价值，此时货币的引入使经济中产生了代际借贷，优化了资源配置，提高了整个社会的福利。

世代交叠模型将货币置入一般均衡的微观经济模型里，意味着向建立货币的微观基础迈出了有益的一步。然而，这一模型存在着致命的缺点。首先，在以上模型中，货币的进入是由于假定产品是不能贮藏的，这排除了产品因投资而带来收益的可能性。事实上人们的储蓄往往是通过投资进行的，而不是通过储藏产品进行的。当某些资产收益率超过货币时，如果货币没有提供必不可少的服务，人们就不会持有货币，而是转而会持有高于货币收益率的资产。显然，必须对这一世代交叠模型加以修改，以便在其他具有较高收益率的资产出现时，货币仍然能够继续存在，这是建立货币微观基础的一个重要目标。其次，在世代交叠模型中，货币仅仅只是价值贮藏的手段，没有揭示出货币所具有的交易媒介的特性。因此，如何在微观模型中解释货币的交易媒介功能，便成为建立货币微观基础的另一个重要目标。

第二节　货币效用模型

货币效用模型（money-in-the-utility function，简称"MIU 模型"）最早是由 Sidrauski（1967）提出的，该模型在效用最大化框架下研究了货币与经济增长的关系，现在已经成为广为应用的在一般均衡模型中涵括货币的一种方法。

Sidrauski 认为，货币同其他实物商品完全一样，不是一种名义量,而是"实际余额"（real balance）,在模型中之所以引入货币（或实际余额）,是因为假定人们不仅从消费中获得效用,而且从持有实际货币余额中获得效用。效用函数中包括货币的原因在于:假设经济体内存在各种不同类型的商品,经济个体只能生产并消费其中的一小部分。同时假定经济个体不消费自身生产的商品,否则就不存在交换行为。当两个经济个体相遇时,可能并不需要对方的产品。所以,易货交易若要成功,经济个体必须需要对方的商品,即需要具有需求的双重巧合（Double coincidence of wants）。在这种情形下,交易费用会非常高。在经济运行中,经济个体若要降低交易问题,一是要花费更多的时间寻求需求的双重巧合;二是要运用货币这种媒介。通过使用货币,只要交易双方是需求的单一巧合,交易就能成功。可见,需求双重巧合的缺乏是运用货币的重要原因。此时,货币的功能是作为交易媒介。需求的单一巧合必然比需求的双重巧合难度低,节省了经济个体的时间。因此,货币的运用是购买时间的替代品。使用货币所提供的服务降低了经济个体用于购买的时间,促进了交易过程,经济个体的闲暇效用增加。因为经济个体享受的闲暇是经济个体持有实际货币余额的增函数,所以效用函数中涵括货币。

假设一个代表性经济个体的效用函数为:

$$U_z = u(c_t, z_t) \tag{3.8}$$

在（3.8）式中,z_t 代表持有的货币所提供的服务流量,c_t 代表时期 t 时的人均消费。假设效用随每一变量递增,具有严格凸形而且连续可微。令 $u_t = \partial u(c,z)/\partial z$,如果我们假设对任意 c 都有 $\lim_{z \to 0} u_z(c,z) = \infty$,那么对货币服务的需求始终为正,因为当货币所提供的服务流量接近于零时,经济个体效用趋向无穷。

对理性经济个体而言,构成 z_t 的并非是持有货币的绝对数量,而是持有货币所能支配的商品数量,或者是这些货币能提供的以商品为单位的某种形式的交易服务。换言之,构成服务流量 z_t 的是货币数量 M_t 乘上以商品为单位的价格（$1/P$）,如果服务流量和货币存量的实际价值成正比,则可令 z_t 等于人均实际货币持有额:

$$z_t = M_t/P_t N_t \equiv m_t$$

其中，N_t——人口数量；

m_t——人均实际货币持有额。

经济个体将在预算约束下选择消费和实际货币余额的分配以最大化他的效用：

$$\max \sum_{t=0}^{\infty} \beta^t u(c_t, m_t) \tag{3.9}$$

其中，$0 < \beta < 1$ 为主观贴现率，它表明经济个体的忍耐程度，未来的消费和货币余额对经济个体效用实现的作用较小，在消费过程中，经济个体更倾向于即时消费和当时消费。假设 $u'_c(c_t, m_t) > 0$，$u'_m(c_t, m_t) > 0$，$u''_{cc}(c_t, m_t) < 0$，$u''_{mm}(c_t, m_t) < 0$，经济个体的效用与消费、货币余额均呈正相关，但是边际效用递减。

为使该模型完整起见，假设经济个体的财富构成包括货币，按名义利率 i_t 付息的债券，以及实物资本三种资产，根据当期收入、资产以及来自政府的转移支付净额 τ_t，经济个体决定财富在消费、对实物资本的投资、实际货币余额的累积以及债券之间的分配比例，以实现其自身效用的最大化。

如果实物资本的折旧率为 δ，那么在整个经济中，经济个体总的预算约束为：

$$Y_t + \tau_t N_t + (1 - \delta) K_{t-1} + \frac{(1 - i_{t-1}) B_{t-1}}{P_t} + \frac{M_{t-1}}{P_t} = C_t + K_t + \frac{M_t}{P_t} + \frac{B_t}{P_t}$$

$$\tag{3.10}$$

其中，Y_t——总产出；

k_{t-1}——t 时期开始时的总资本存量；

B_t——t 时期持有的按名义利率 i_t 付息的债券；

$\tau_t N_t$——一次性转移支付的实际总价值（如为负数则代表税赋）。

假设生产函数采取如下形式：$Y_t = F(K_{t-1}, N_t)$，即 t 时期的产出由来自 $t-1$ 时期的资本来生产，该生产函数为线性齐次且具有不变的规模报酬。当人口增长率为 n 时，t 时期的人均产出将是人均资本存量的函数：

$$y_t = f(\frac{k_{t-1}}{1+n}) \tag{3.11}$$

其中，假设该生产函数连续可微并满足因那达（Inada）条件：
$f_k \geq 0, f_{kk} \leq 0, \lim_{k \to 0} f_k(k) = \infty, \lim_{k \to \infty} f_k(k) = 0$

在预算约束（3.10）式两边同时除以人口数量 N_t，则人均预算约束形式为：

$$\omega_t \equiv f(\frac{k_{t-1}}{1+n}) + \tau_t + (\frac{1-\delta}{1+n})k_{t-1} + \frac{(1+i_{t-1})b_{t-1} + m_{t-1}}{(1+\pi_t)(1+n)} = c_t +$$

$k_t + m_t + b_t \tag{3.12}$

其中，π_t —通货膨胀率；

$b_t \quad \dfrac{B_t}{P_t N_t}$；

$m_t \quad \dfrac{M_t}{P_t N_t}$。

经济个体的问题是在受（3.12）式约束的情况下，选择 c_t、k_t、b_t 和 m_t 的轨迹来实现（3.9）式的最优化，对这一问题的分析可以通过值函数进行。经济个体初始财富 ω_t 是该问题的状态变量。令值函数 $V(\omega_t)$ 为经济个体最优地选定消费、资本存量、债券持有额和货币余额时的效用现值：

$$V(\omega_t) = \max\{u(c_t, m_t) + \beta V(\omega_{t+1})\} \tag{3.13}$$

由（3.12）式可以得到 $\omega_{t+1} = f(\frac{k_t}{1+n}) + \tau_{t+1} + (\frac{1-\delta}{1+n})k_t +$

$\dfrac{(1+i_t)b_t + m_t}{(1+\pi_{t+1})(1+n)}$，而 $k_t = \omega_t - c_t - m_t - b_t$，利用这些关系可以将（3.13）式写作：

$$V(\omega_t) = \max\{u(c_t, m_t) + \beta V[\frac{f(\omega_t - c_t - m_t - b_t)}{1+n} + \tau_{t+1} + (\frac{1-\delta}{1+n})$$

$(\omega_t - c_t - m_t - b_t) + \dfrac{(1+i_t)b_t + m_t}{(1+\pi_{t+1})(1+n)}]\}$

其控制变量为 b_t, c_t, m_t，该问题的一阶条件为：

$$u_c(c_t, m_t) - \frac{\beta}{1+n}[f_k(k_t) + 1 - \delta]V_\omega(\omega_{t+1}) = 0 \tag{3.14}$$

$$\frac{(1 + i_t)}{(1 + \pi_{t+1})(1 + n)} - \left[\frac{f_k(k_t) + 1 - \delta}{1 + n}\right] = 0 \tag{3.15}$$

$$u_m(c_t, m_t) - \beta\left[\frac{f_k(k_t) + 1 - \delta}{1 + n}\right]V_\omega(\omega_{t+1}) +$$

$$\frac{\beta V_\omega(\omega_{t+1})}{(1 + \pi_{t+1})(1 + n)} = 0 \tag{3.16}$$

当人们预算期为无限时，最大化的一阶条件并不能一定表达人们的最优选择，需要另一附加条件：横截条件（transversality condition）。如果横截条件不能被满足的话，经济个体可以在每一时段通过增加借款来偿还上一时段的借款。在这种情况下，一阶条件所给出的消费计划没有这种递增借款所带来的效用高。此处的横截条件为：

$$\lim_{t \to \infty}\beta^t\lambda_t x_t = 0 \text{ 对 } x = k, b, m \tag{3.17}$$

其中，λ 是 t 时期的消费边际效用。根据包络定理有：

$$\lambda_t = V'_\omega(\omega_t) = u'_c(c_t, m_t) \tag{3.18}$$

一阶条件的含义为：因为经济个体的初始财富 ω_t 在消费、资本、债券货币余额之间进行分配，只有当各种用途的边际收益是相同的时候，经济个体才实现了最优化配置。由（3.14）式和（3.16）式有：

$$u_c(c_t, m_t) = u_m(c_t, m_t) + \frac{\beta V_\omega(\omega_{t+1})}{(1 + \pi_{t+1})(1 + n)} \tag{3.19}$$

即在 t 期增加货币余额的边际收益等于该期消费的边际效用。增加的货币持有额带来两部分的边际效益，首先，货币直接产生效用 $u_m(c_t, m_t)$；其次，增加的货币持有额使得 ω_{t+1} 增加，$t + 1$ 期增加的价值折现到 t 时期时，是 $\beta V_\omega(\omega_{t+1})$，由于 t 时期时 1 单位货币持有额使 $t + 1$ 时期的实际人均资源增加了 $1/(1 + \pi_{t+1})(1 + n)$，因此货币在 t 时期时的边际收益为 $u_m(c_t, m_t) + \beta V_\omega(\omega_{t+1})/(1 + \pi_{t+1})(1 + n)$。

将（3.18）式代入（3.19）式，有：

$$u_c(c_t, m_t) = u_m(c_t, m_t) + \frac{\beta u_c(c_{t+1}, m_{t+1})}{(1 + \pi_{t+1})(1 + n)} \tag{3.20}$$

在（3.20）式两边同除以 $u_c(c_t, m_t)$，得到：

$$\frac{u_m(c_t, m_t)}{u_c(c_t, m_t)} = 1 - \left[\frac{1}{(1 + \pi_{t+1})(1 + n)}\right]\frac{\beta u_c(c_{t+1}, m_{t+1})}{u_c(c_t, m_t)}$$

令 $(1 + r_t) \equiv f_k(k_t) + 1 - \delta$，代表资本的实际回报，令 Γ 为以消费品为单位表示的实际货币余额的相对价格。将 (3.14) 式代入，得到：

$$\Gamma_t \equiv \frac{u_m(c_t, m_t)}{u_c(c_t, m_t)} = 1 - \frac{1}{(1 + \pi_{t+1})(1 + r_t)}$$

上式的含义是：货币与消费之间的边际替代率等于持有货币的相对价格或机会成本，而持有货币的机会成本既受到资本实际回报率的影响，又受到通货膨胀率的影响。如果价格水平固定不变（即 $\pi = 0$），那么，因持币而放弃的资本收益取决于资本的实际回报。如果价格水平在上升（即 $\pi > 0$），那么货币的实际价值会下降，从而持有货币的机会成本会上升。

将 (3.15) 式带入得到：

$$\frac{u_m(c_t, m_t)}{u_c(c_t, m_t)} = \frac{i_t}{1 + i_t} \equiv \Gamma_t \tag{3.21}$$

即持有货币的机会成本和名义利率直接相关。由 (3.20) 式不难看出，实际货币的需求式名义利率和实际消费的函数，在经济达到稳态时，产出水平和消费水平是相等的，用收入来代替消费，我们可以得到如下形式的货币需求函数：$m = L(i, y)$，并且实际货币需求是名义利率的减函数以及实际消费的增函数。

等式 (3.13) — (3.16) 与预算约束式 (3.12) 构成的体系描述了每一时点经济个体选择的消费、资本量和货币余额与债券，可以利用这一体系对经济动态进行分析。例如，通过对稳态的分析，可以得出长期中资本存量独立于货币增长率、均衡时的消费水平与货币增长无关的货币超中性结论（Sidrausky, 1967）。由于货币产生效用，通胀在减少货币余额时会带来福利损失，从而可以找出最优通胀率，它发生在名义利率为零时，这就是 Friedman 准则。对效用函数加以特殊设定，可以利用这一体系考察一国通货膨胀的福利成本（Lucas, l994）。

MIU 方法使得对货币的经济影响的分析变得十分简便，但货币进入效用函数的假设常常受到批评，因为货币（尤其是纸币）本身没有价值，它只有通过提供便利交易的服务来体现其价值。既然如此，货币为什么在交易之前就有价值并产生效用呢？显然，货币效用模型不能提供满意的答案。另外，MIU 模型的出发点虽然是考虑货币对交易媒介的功能，但是模型中看不到实际的交易以及货币的作用，也不知道应该如何对效用函数施加合理的限制（Blanchard & S. Fischer，1989）。许多学者对这一问题进行了研究，下一节讨论的货币交易功能模型在一定程度上回答了这些质疑。

第三节　现金先行模型

MIU 模型假定实际余额能带来效用，从而把货币直接置于效用函数之中。这种办法虽然可以证明即使货币的收益率受其他资产支配时仍然存在对货币的需求，但却存在这样的问题，即货币到底是直接产生效用还是间接通过交易成本产生效用。克洛尔（Clower，1967）很早就指出，在效用函数中植入货币并没有证实货币在交易中具有充当交易媒介的作用。他认为，货币经济与物物交换经济之间的最大区别在于：在货币经济中"货币可以购买商品，商品可以换取货币，但是商品不能换取商品"。克洛尔把货币的安排和制度看成货币经济给定的条件，即假设在交易过程中，部分或全部的商品购买必须使用现金，这个假设就是"克洛尔约束"（Clower constraint），这一假设摒除了上述时间与货币可以互相替换的设定，从而在均衡模型中引入了货币变量。它为在效用函数中纳入货币因素提供了另外一个解释，也为分析为什么理性的经济个体会持有货币这一问题提供了简单的分析工具和一个最直观的理由。

"克洛尔约束"模型又被称为"现金先行模型"（Cash in Advance Model），简称 CIA 模型。模型中交易时经济个体对货币的使用是依靠一个外在的约束来保证的，即将全部或者部分商品的购买必须支付现金作为已经存在的金融制度约束，"克洛尔约束"规定购买商品必须使用货币，从技术上讲相当于在模型上施加了一个现金约束，货币正是因为充当交换媒介，所以才具有了价值，对货币的需求因此取决于经济的交易技术性质。

在最简单的形式中，预付现金约束的数学形式为 $p_tc_t \leqslant M_t$（Clower，1967）。这相当于规定了下述交易技术：当 $M_t \geqslant p_tc_t$ 时，交易时间为零，而当 $M_t < p_tc_t$ 时，交易时间无穷大（McCallum，1990）。CIA 约束的具体形式有多种，由受其制约的交易或采购类型决定，如可以是全部或部分消费商品面临预付现金约束，也可以是消费商品和投资商品都面临约束，甚至如 Lucas 和 Lucas & Stokey（1983）所讲，消费商品中的现金商品（cash good）部分存在约束而信贷商品（credit good）部分则无约束。对资本市场和商品市场开市的先后顺序的假定对 CIA 模型的具体形式也很重要。为了理解 CIA 模型的结构，我们介绍 Svensson（1985）使用的一个不考虑不确定性的 CIA 模型的简化形式。

现在考虑一个典型经济个体模型。经济个体的目的是通过选择消费和资产持有额的轨迹以最大化其效用：

$$\max \sum_{t=0}^{\infty} \beta^t u(c_t) \tag{3.22}$$

其中，$0 < \beta < 1$ 为主观贴现率；$u(\cdot)$ 是一个有界，连续可微的，严格递增及严格凹型的效用函数。设效用函数是连续可微，这是因为效用函数随消费水平的上涨而增加，但是边际效用递减，效用水平的增长不及消费水平的增长。经济个体通过消费和资产选择使目标函数极大化。假设 t 时期的生产所带来的收入不能用于同期的消费品采购，那么经济个体面对的以名义数值表示的预算约束为：

$$P_t\omega_t \equiv P_tf(k_{t-1}) + (1 - \delta)P_tk_{t-1} + M_{t-1} + T_t + I_{t-1}B_{t-1} \geqslant P_tc_t + P_tk_t + M_t + B_t \tag{3.23}$$

ω_t 是经济个体在 t 时期拥有的经济资源，由 t 时期的生产所形成的收入 $f(k_{t-1})$、尚未折旧掉的资本存量 $(1 - \delta)k_{t-1}$、货币持有额 M_{t-1}、来自政府的转移支付 T_t，以及经济个体在 $t-1$ 时期持有的一期名义债券 B_{t-1} 的本息收入组成。$I_t = 1 + i_{t-1}$ 是从 t 时期到 $t-1$ 时期的名义毛利率。Π_t 为 $\dfrac{P_t}{P_{t-1}}$ 等于 1 加上通货膨胀率；δ 为资本折旧率。

经济个体使用这些资源来选择消费以及留给 $t+1$ 时期的资本、债券和名义货币持有额。

在（3.23）式两边同时除以 t 时期的价格水平 P_t，得到以实际价值表示的预算约束：

$$\omega_t \equiv f(k_{t-1}) + (1-\delta)k_{t-1} + \tau_t + \frac{m_{t-1} + I_{t-1}b_{t-1}}{\Pi_t} \geq c_t + k_t + m_t + b_t$$

$$(3.24)$$

m 和 b 分别是实际现金和债券持有额，τ_t 为 $\dfrac{T_t}{P_t}$。经济个体在 $t+1$ 时期拥有的实际资源为：

$$\omega_{t+1} = f(k_t) + (1-\delta)k_t + \tau_{t+1} + \frac{m_t + I_t b_t}{\Pi_{t+1}} \qquad (3.25)$$

其中 I_t/Π_{t+1} 等于从 t 时期到 $t+1$ 时期的实际毛收益率，记作 $R \equiv I_t/\Pi_{t+1}$，利用这一符号，（3.25）式可以写成：

$$\omega_{t+1} = f(k_t) + (1-\delta)k_t + \tau_{t+1} + R_t a_t - (i_t/\Pi_{t+1})m_t$$

其中，$a_t \equiv m_t + b_t$，是 $t+1$ 时期经济个体持有的名义金融资产的总和（货币和债券），当名义利率为正时，持有货币存在成本，该成本为 i_t/Π_{t+1}，将它进行折现，那么在 t 时期持有一单位额外货币的成本为 $i_t/R_t\Pi_{t+1} = i_t/(1+i_t)$。

模型中假设某些商品交易必须通过货币这一交易媒介才可以进行，经济个体不仅受限于上述预算约束，而且受制于现金在先约束：假设经济个体每一期初持有 M_{t-1} 并收到一次性名义转移支付 T_t。如果商品市场先开市，[①] 那么 CIA 约束的形式为：

$$P_t c_t \leq M_{t-1} + T_t$$

其中，c 为实际消费；P 为总价格水平；T 为名义一次性转移支付。由于模型不存在任何不确定性，经济个体在持有 M_{t-1} 时已经知道 P_t，将上式以实际价值表示为：

---

① 如果资产市场开市在先，商品市场开市在后，而持有货币的机会成本为正，那么经济个体只会持有刚够支付其理想消费水平的货币。

$$c_t \leqslant \frac{M_{t-1}}{P_t} + \frac{T_t}{P_t} = \frac{m_{t-1}}{\prod_t} + \tau_t \qquad (3.26)$$

其中，$m_{t-1} - \frac{M_{t-1}}{P_{t-1}}$；

$\tau_t - \frac{T_t}{P_t}$。

这一约束条件表明，经济个体在 t 期的消费支出不能超出 t 期所持有的实际货币数量，它包括上一期持有的实际货币余额加上期初政府的一次性转移支付。上述现金在先约束条件排除了 t 期生产收入用于 t 期消费支出的可能性。这一约束条件体现的是，在购买行为之前经济个体必须持有货币。在排除各种不确定性情况的确定性分析中，只要经济个体持有的货币存在机会成本，经济个体就会持有与其进行交易相匹配的货币额。在经济框架内，经济个体持有货币的机会成本是名义利率，只要名义利率为正，（3.26）式将取等号，现金在先约束就能产生实际作用。

经济个体的问题是在受（3.24）式（3.25）式和（3.26）式约束的情况下，选择 c_t、k_t、b_t 和 m_t 的轨迹来实现（3.22）式的最优化，由上述两个约束条件可知，经济个体的消费受制于所持有的财富水平和实际货币余额，所以单个经济个体在 t 时期的状态可以用其拥有的资源 ω_t 和实际现金持有额 m_{t-1} 来刻画，由于经济个体的消费选择受到资源和现金持有额的双重约束，所以在做决策时这两者都要考虑到。定义如下值函数：

$$V(\omega_t, m_{t-1}) = \max\{u(c_t) + \beta V(\omega_{t+1}, m_t)\} \qquad (3.27)$$

其约束条件为（3.24）式（3.25）式和（3.26）式。

令 λ_t 和 μ_t 分别表示预算约束和 CIA 约束的拉格朗日乘数，控制变量为 c_t、k_t、b_t 和 m_t，此问题的一阶条件为：

$$u_c(c_t) - \lambda_t - \mu_t = 0 \qquad (3.28)$$

$$\beta[f_k(k_t) + 1 - \delta]V_\omega(\omega_{t+1}, m_t) - \lambda_t = 0 \qquad (3.29)$$

$$\beta R_t V_\omega(\omega_{t+1}, m_t) - \lambda_t = 0 \qquad (3.30)$$

$$\beta\left[R_t - \frac{i_t}{\prod_{t+1}}\right] V_\omega(\omega_{t+1}, m_t) + \beta V_m(\omega_{t+1}, m_t) - \lambda_t = 0 \qquad (3.31)$$

由包络定理可知：

$$V_{\omega}(\omega_t, m_{t-1}) = \lambda_t \tag{3.32}$$

$$V_m(\omega_t, m_{t-1}) = (\frac{1}{\Pi_t})\mu_t \tag{3.33}$$

由（3.32）式可知，λ_t 等于财富的边际效用，根据（3.28）式，消费的边际效用等于财富的边际效用 λ_t 加货币提供的服务价值 μ_t。由于 CIA 约束规定消费品必须用货币来购买，因此与 MIU 模型相比，消费成本增加了货币提供的服务成本，行为人使消费的边际效用等于该成本加财富的边际效用。

现金先行模型主要强调货币的交易媒介功能，其优点在于它在保持动态最优分析的同时可以很容易地推导出货币需求。但是这一模型也有着致命的缺陷：一方面，现金先行约束条件意味着货币需求只取决于消费量而不取决于利率，也就是说，货币需求对利率变化没有敏感性，这和现实情况是不相符的。另一方面，由于"克洛尔约束"直接给出了货币需求的函数形式，当名义利率为正时，由于持币成本的存在，（3.26）式将以等式形式出现，即 $c_t = \frac{M_{t-1}}{P_t} + \tau_t$，由于一次性货币转移支付 τ_t 等于 $\frac{(M_t - M_{t-1})}{P_t}$，这表明 $c_t = M_t/P_t = m_t$，即货币的流通速度保持不变，恒定为 1（周转速度 $= P_t c_t/M_t = 1$），而实际上货币周转速度是变化不定的。此外，虽然现金先行模型的支持者认为，他们把货币引入一般均衡框架中的程序要优于在效用函数中引入货币的办法。但是 Feenstra（1986）已经证明，现金先行模型只是效用函数中引入货币方法的特例。而且，MIU 模型和 CIA 模型相同之处在于，它们都强调货币作为交易媒介的功能，原因在于货币加速了商品市场的交易，并且赋予不可转换的通货一定的价值。但是，这两个模型都只假定货币是唯一的交易媒介，并未提及其他支付工具，所以这两个模型都无法阐释为何货币存在的特殊性，即不能被其他交易媒介所替代的财富支付和表示工具。

第四节　理论含义

OLG 模型、MIU 模型和 CIA 模型这三个模型构成了现代货币经济学中分析货币在一般均衡模型中作用的重要工具，并为以后的货币经济学理论和货币政策的实证分析研究奠定了基础。同时，也为在其他非均衡模型中分析货币作用，以及金融市场结构等问题，提供了基本的参照依据。

在理论的基础上，OLG 模型、MIU 模型和 CIA 模型探讨了货币增长与经济的相关关系，并提出了自己的建议。值得注意的是，上述三个模型的共同之处在于都体现了货币中性性质，这表明货币中性可能是一般均衡假设下货币模型的主要特征之一。

所谓货币中性问题，实际上就是货币是否对经济产生实质性影响的问题。也就是说，货币是否仅仅只是笼罩在实物经济上的一层面纱，而并不会使消费、投资、产量、收入等实际经济变量发生实质性变化。按照美国货币经济学家劳伦斯·哈里斯给出的解释，货币中性的基本含义可以概述如下："如果名义货币供给变动引起已处均衡状态的破坏，当新的均衡达到时，所有的实际变量的数值与货币供给变化前相同，则我们就说货币是中性的；如果模型不能满足这些条件，货币就是非中性的。"简单地说，如果名义货币供给量的变动不会引起均衡的相对价格和实际利率的变动，或者仅引起绝对价格水平的同方向、同比例变化，那么就认为货币是中性的。此时由于相对价格和实际利率没有发生改变，消费和投资方式也不会发生变动，货币的增长对经济运行不会产生实际的影响。

对货币是否中性的判断决定了不同的政策主张。从货币中性的角度来看，在这种状态下，很多涉及货币的人为因素，如货币政策将不起作用，政府无法利用货币政策达到目的，因此政府的货币政策应该避免剧烈的政策变化，注重于最终目标的控制，如货币量、物价。

值得注意的是，OLG 模型、MIU 模型和 CIA 模型这三个模型推导出货币中性的重要前提假设是市场是完全竞争的，价格是完全灵活的。在这一严格前提条件下，货币供给的增减对稳态经济不会产生影响。但是，大多数经济学家认为，由于工资（或者价格）黏性的存在，货币供给变动的同时，工资水平和价格水平无法即时产生相同幅度的变化，货币变动在短期内能够对经济变量产生实际影响，这一点将在第四章中进一步论述。

小 结

如何将货币的作用引入一般均衡的微观经济模型，以及回答实体经济和模型的哪些不同之处导致货币具有正的价值是现代货币经济学的首要问题。本章总结了在一般均衡模型中引入货币的三种微观基础，并对其理论含义进行了评述。第一节的世代交叠模型认为，货币是一种资产，主要用于资源的跨时转移，强调货币的价值贮藏职能；第二节的货币效用模型假设货币直接产生效用，将货币余额直接置于模型中经济主体的效用函数中；第三节的现金先行模型假设进行交易时，一定要预先支付现金，因为物品不可直接买卖，一定要通过货币这一特殊中介方能进行交易；第四节则对前述模型的理论含义进行了评述。

第四章 现代货币经济理论框架的发展

　　第三章的模型是货币经济学家用于现代货币经济理论分析的基本框架，在这些基本框架中，价格充分灵活调整保证了市场的连续均衡，但这些灵活价格模型所蕴含的动态过程却并不符合现代经济的典型短期行为。在灵活价格模型中，货币扰动通过改变预期通货膨胀，引起持有货币的机会成本的变动，从而导致对劳动—闲暇决策和对现金以及信用商品的替代效应来影响经济。但是从经验证据来看，模型中货币增长的变化引起的替代效应非常小，并且在长期会趋于消散。而大量的实证证据表明，现实中货币的扰动对实际产出有不容忽视的影响，而且会持续一段相当长的时间。总体而言，关于货币与经济增长的关系，理论界已经达成的共识有如下几点：

　　1. 关于对货币、价格和产出的长期关系，货币增长和通货膨胀的相关系数基本上是1，而货币增长或通货膨胀与产出的相关系数则接近于零；后者主要是因为相关系数取决于通货膨胀率，在低通货膨胀率时会呈现出正相关，而在高通货膨胀率时则呈现出负相关。

　　2. 经济学家们对货币的短期效应公认无异。货币的冲击对真实经济活动会产生驼峰状的正相关，在驼峰状时货币会超前产出几季甚至两年到三年。上述短期关系与货币的定义和政策的类别息息相关。

　　3. 对由货币政策所引发的一系列内生回馈反应，而非政策冲击的作用，经验研究尚未达成共识。目前，新型的结构计量模型被用于货币政策反馈规则研究，以期待在不久的将来为争论各方提供经验证据。但无论如何，这些货币的经验关系对货币理论探索经济体系内货币政策的内生回馈反应机制提出了更高要求，也指明了其研究方向。

在探讨货币短期扰动对实际产出影响的分析方面，在第一代灵活价格模型的基础上，后来的经济学家对货币影响经济的渠道进行了分析，将信息和市场不完美性以及名义的不完善性引入模型，试图使模型能够产生与真实经济相仿货币冲击的持续性效应。这些研究主要是在四个框架下进行的，即灵活价格模型，引入名义刚性的模型，强调信贷市场不完美对货币冲击的放大作用，以及货币政策规则和传导机制的创新。

第一节　灵活价格模型

灵活价格模型（Flexible Price Models）保留了第一代模型中关于价格自由浮动、名义工资和价格能够灵活调整的假设，为了解释货币短期效应的经验证据，以及解决在工资和价格具有灵活性的假设下，货币长期中性和短期具有实际效应间的矛盾，经济学家们通过在灵活价格模型中引入不完全信息和有限参与的方法来解释经济现象，认为货币扰动主要是通过（不完全）信息渠道以及由于经济主体有限制地参与金融交易而发挥作用的资产组合渠道（流动性效应渠道）来对经济产生影响。这方面包括 Lucas（1972，1973）的不完全信息模型（Imperfect Information Model）和 Lucas（1990），Fuerst（1992），以及 Christiano & Eichenbaum（1991，1992）的有限参与模型（Limited Participation Models）。前者假设经济体不能够完全区分相对价格和价格水平的变化；后者则认为，由于货币市场的不完全性，伴随着价格水平的变化，经济体不能够及时调整名义货币的持有量去取得最优的实际货币的持有水平。在这类模型中，名义工资和价格被假定是完全灵活的，所以货币的实际影响只是短期的。

一　不完全信息模型

不完全信息模型的核心思想是 Friedman（1968）有关不完全信息的论述。在 20 世纪 60 年代，分析经济政策效果的宏观模型中普遍包含代表价格（通货膨胀）和失业之间消长关系的菲利普斯曲线，直到 1968 年 Friedman 和 Phelps 各自独立地发表研究成果，经济学界才发现这种消长关系只应当是一种短期现象，不可能在长期内有效。通过区别决定企业雇佣规模的实际工资（Actual real wages）和决定劳动力市场劳动供给规模的可观察的名义工资（perceived real wages）两个概念，Friedman 说明工人存在货币幻觉，这种幻觉不再是凯恩斯理论中缺乏基础的只升不降，而是在信息不完全的条件下对相对价格的一种错误认知：在未预期到的通货膨胀面前，工人往往只注意到自己名义工资的上升而没有注意到同时存在的商品劳务价格的上升，所以会相应增加劳动供给和当前消费，使劳动力市场在更高的就业量和更低的实际工资处达到新的均衡，总需求和产出也随之增加，货币因素就这样通过经济主体有限的认知能力影响到真实经济。当工人开始采购时，他们会发现由于所有的价格都已经上涨，实际工资事实上有所下降而不是增加，此时劳动力供给曲线将往回移动，最后回到初始的均衡点。因此，要理解货币的作用，预期及其信息基础是关键。

其后，Lucas（1972）通过用岛屿来比喻经济中各自独立的市场的世代交叠模型，分析了出乎意料的货币供给变动如何预期实际经济生活的短暂波动，以岛屿模型（Island Model）为 Friedman 的观点提供了明确的理论基础。

Lucas 假设分配到每一个地方的人口是随机的，那么每一个地方的货币需求也是随机的。Lucas 认为，可以使用一个比方来说明这一环境的关键特征：假设某经济体由许多岛屿组成，各个岛屿用 i 来标记，于是 x^i 表示变量 x 在 i 岛上的数值，而 x 表示该变量在整个经济中的平均值。每个岛上相对于稳态数值的均衡偏离值可以用下面三个条件来表述：

$$y_t^i = (1 - \alpha) n_t^i \tag{4.1}$$

$$\left[1 + \eta \left(\frac{n}{l} \right) \right] n_t^i = y_t^i + \lambda_t^i \tag{4.2}$$

$$m_t^i - p_t^i = y_t^i + \left(\frac{1}{b} \right) \left(\frac{\beta}{1 - \beta} \right) [E^i \tau_{t+1} - (E^i p_{t+1} - p_t^i) + E^i (\lambda_{t+1} - \lambda_t^i)] \tag{4.3}$$

其中，$y_t^i = -\Omega_1 y_t^i + \Omega_2(m_t^i - p_t^i)$ 是消费的边际效用。以 m^i 代表 i 岛的名义货币供给，假设名义货币供给过程服从以下变化规律：

$$m_t = \gamma m_{t-1} + v_t + u_t \tag{4.4}$$

假设总供给取决于 v_t 和 u_t 这两种冲击，其均值都为零，方差为 σ_v^2 和 σ_u^2。假设 v_t 是公共信息而 u_t 不是，i 岛的名义货币存量为：

$$m_t^i = \gamma m_{t-1} + v_t + u_t + u_t^i \tag{4.5}$$

其中 u_t^i 是单个岛屿特有的货币冲击，在各个岛之间的平均值为零，方差为 σ_i^2，如果 $t-1$ 时期的总体货币存量以及 v 是公共信息，那么观察到各岛持有的名义货币存量 m^i 就可以使 i 岛的经济人推断出 $u_t + u^i$，由于不完全信息的假设，他不能区分哪一部分是 u，哪一部分是 u^i。根据 i 岛的信息对 $t+1$ 时期的货币供给做出的预期：

$$E^i m_{t+1} = \gamma^2 m_{t-1} + \gamma v_t + \gamma E^i u_t \tag{4.6}$$

其中，$E^i u_t = k(u_t + u_t^i)$，$k = \dfrac{\sigma_u^2}{(\sigma_u^2 + \sigma_i^2)}$，且有 $0 \le k \le 1$。

而价格水平和就业水平的均衡为：

$$p_t = \gamma m_{t-1} + v_t + \left(\frac{k+K}{1+K}\right)u_t \tag{4.7}$$

$$n_t = A(m_t - p_t) = A\left(\frac{k+K}{1+K}\right)u_t \tag{4.8}$$

上面的两个等式解释了 Lucas 的基本结论：当且仅当信息不完美时（$k<1$），以 u 为代表的总体货币冲击才会对就业和产出具有真实效应。公开宣布的货币供给变动由 v 表示，它对经济没有实际影响，只会引起价格水平一比一的变化。但是如果人们无法确定他们所观察到的货币存量变动反映的是总体变动还是该岛特有的变动，那么货币冲击就会影响就业和产出。可预测的货币变动 γm_{t-1} 或经宣布的货币变动 v 没有实际效应，而经济人预测的误差（以 $(1-k)u$ 表示）代表了未曾预料到的货币供给变动，它具有真实效应。

Lucas 岛屿模型的根本思想在于：未预期到的货币变动会引起价格的变动，如果在整个经济系统内发生的未预期到的价格上涨如果被岛上的经济主体误认为是一种相对价格上升，即只有自己所处的岛上的产品价格在上升，那么整个经济体的就业和产出就会相应地增加，一旦该岛上的居民和厂商发现了事实真相，产出就会回到原来的均衡水平。

Lucas 模型有若干可供检验的重要含义，第一项含义是区分可预测到的和未预测到的货币变动很重要。被充分预测到的冲击没有真实效果，由于当前的货币供给信息不完美，单个的经济人面临一个信息的提取问题，他不能完全预测到货币冲击，所以货币在短期内会产生真实效应。但 Mishkin（1982）的经验研究表明：预测到的和未预测到的货币变动对经济都会有影响，但是很难区分到底观察到的冲击是被预测到的还是没有被预测到的。

第二项含义是名义和真实冲击间的相对方差决定了通货膨胀和产出之间的短期均衡。较大的名义总量波动可能是由于总体价格水平的上涨引起的，价格水平变化越大，单个的经济人提取正确的信号就越困难，实际反应相对较小，总体货币意外的实际效益因此就较小。

Sargent & Wallace（1975）以 Lucas 的岛屿模型为基础构筑了对数线性化模型，进一步总结出第三项含义，即后来被称为"政策无关性"的假设：由于理性的经济行为人在形成预期时会把任何已知的货币规则考虑进去，货币当局的系统性货币政策即使在短期内也不能影响产量和就业，即货币是超中性的；只有未被预期到的货币变动才对真实产量有影响。此外，政策无关性理论认为，任何通过随机或非系统性货币政策来影响产量和就业的企图将只会增大产量和就业围绕它们的自然率水平的偏差。但有关经验证据表明，政策无关性假说不能成立。

二 有限参与模型

根据费雪等式（Fisher equation）：$i_t = r_t + E_t \pi_{t+1}$，货币扰动对市场利率的影响可以分解成两个部分：对预期实际回报率的影响和对预期通货膨胀率的影响。货币供给增加会使企业和居民户打破原来的资产结构，用新增的货币购买非货币金融资产，从而刺激对有价证券的需求及其价格上涨，同时名义利率下降。Friedman 称其为流动性效应，即货币增长加快会在开始时导致名义利率下降。

20 世纪 90 年代，一些学者开始研究货币投放导致名义利率下降的灵活价格模型。与传统的经济模型中货币供给增加总是被假设按财富状况同比例地平均分配给所有的经济主体不同，Lucas（1990），Christiano & Eichenbaum（1995）和 Fuerst（1992）等人提出，如果货币增加只影响到部分主体，如金融中介的资产负债表，也就是说，假定只有部分经济主体有参与货币供给增加条件下的金融交易的权利，居民户和厂商不能获得因货币供给增加带来的额外货币余额，那么流动性效应的产生就将与借款人的货币需求无关，而与贷款人的货币需求密切相关，因为在这种情况下，为了将更多的新增加的资金贷出去，只要名义利率大于 0，金融中介就愿意以利率下降为代价换取贷款规模的上升，流动性效应由此产生。此时居民户和厂商手中用于商品购买的货币价值和金融市场中用于借贷的货币价值是有差别的，利率作为金融市场中货币价格的体现将随货币供给的增加而下降。进一步讲，一方面，根据 Tobin 的 q 理论，有价证券的价格上涨会使厂商的 q 增加，投资需求也随之增加；另一方面，非货币金融资产价格的变化使居民户财富水平（主要是其中的金融财富）发生变化，并在财富效应推动下增加对耐用消费品的支出，货币的冲击从一种资产波及另一种资产，直到所有资产的收益率在边际上达到重新一致，这时就业、投资、消费和产出都将实现更高的均衡。

通过限制金融交易使货币具有实际效应的模型被称为"有限参与模型"（Limited Participation Models），该模型可以解释名义（及实际）利率在货币供给的冲击下下降的现象。但在后续研究中，Dotsey & Ireland（1995）指出，这类模型的模拟效果没有实际数据所体现的货币供给对名义利率的影响那么大；King & Watson（1996）认为，该模型模拟的流动性效应还不足以解释为什么经济周期会呈现出大的波动，但 Christiano，Eichenbaum & Evans1997 年的研究结果表明，在劳动供给工资弹性非常高的情况下，该模型与实际经济中货币供给对价格、产出、利润和实际工资的冲击相吻合，但这个前提存在的原因在于模型中的劳动力市场是无摩擦的理想市场，因此改进劳动力市场是此类模型下一步的发展方向。

有限参与模型的提出解释了货币投放引起市场利率下降的现象，该模型的另一含义则是：随着金融部门日新月异的发展和交易成本的下降，货币投放发挥作用的方式也会改变。虽然金融市场摩擦对于理解货币政策措施对短期市场利率的冲击效应很重要，但是对于理解货币政策对总体经济更为广泛的影响时，有限参与模型所强调的渠道是否重要目前尚无定论。

第二节　引入名义刚性的模型

虽然灵活价格和不完全信息模型在 20 世纪 70 年代颇受欢迎，但是这些模型有一个共同的特点，即经济对货币冲击的反应不是持续的，而是真实产出会跳到新的稳态水平上。这与经验观察形成了对比，经验观察表现出产出对货币冲击的反应是持续的而且是平滑调整的（smooth adjustment）。20 世纪 30 年代的经济大萧条和 20 世纪 80 年代的经济大衰退已经成为货币扰动能够对现实经济活动产生长时间和持续影响的两个主要例证。近年来，计量经济学的研究也提供了吻合的证据。比如，在美国和其他 OECD 国家第二次世界大战后的时期里，随着货币政策的冲击，实际 GDP 的运动是大规模和持续的。这方面的研究包括 Blanchard & Quah（1989），Gali（1992），Sims（1992），Leeper，Sims & Zha（1996），以及 Christiano，Eichenbaum & Evans（1997，1999）。Kiley（1999）从国与国间的数据里也观察到低通货膨胀率的国家倾向于实现更多的产出持续性。基于对四个不同国际货币时期的多国长期数据的研究，Basu & Taylor（1999）发现，大的产出持续性与浮动率体系之间存在着一种紧密的联系。这些经验事实说明，货币冲击会产生商业周期的主要特征，也就是产出与就业的持续性的运动。

考虑到这些经验事实，经济学家们对宏观经济模型的修改提出了很多建议。其中最为主流的一种就是将货币扰动的短期实际效用归因于存在名义工资或价格刚性（rigidity）。这些刚性意味着名义工资和价格不能根据名义货币数量的变化做出即时而且充分的调整。事实上，在研究货币的实际影响的早期模型中，名义工资和价格方面的缓慢调整已经引起了经济学家的注意。这方面的研究至少可以追溯到18世纪David Hume的论述和20世纪一些著名经济学家的工作，比如Keynes和Friedman的著作。而大量的经验研究也显示，在现实经济中确实存在着黏性工资和黏性价格，即短期中名义工资的调整慢于劳动供求关系的变化，价格的调整慢于物品市场供求关系的变化。

一　菜单成本理论

在20世纪80年代，引入名义刚性的常见做法是假设工资或价格在一段时间内是固定的，而其他部分和充分竞争经济的均衡模型完全一样。这种模型的修正加强了货币扰动的效果，并由此应运而生了一系列用于解释被观察到的名义刚性起因的微观经济学理论基础。其中较主流的观点是"菜单成本理论"（Menu Cost）。

菜单成本指的是改变工资或价格所需的基本上固定的成本。菜单成本理论是在20世纪70年代Ss定价理论的基础上发展而来的。根据Ss定价理论，厂商在总需求的随机变动面前并不随其变动调整产品价格，而是在价格变动问题上划定一个区间，即最高限和最低限。在一般情况下，当总需求变动不大，均衡价格没有超出这一区间时，厂商将维持原有价格。只有在总需求的变动大到足以使均衡价格超出这一区间时，厂商才可能调整产品价格。

菜单成本理论就是以Ss定价理论为出发点的，它力图说明两个问题；第一，厂商为什么在一定范围内保持价格不变；第二，厂商的这种定价行为为什么会引起巨大的社会福利损失，即引起经济衰退。对于第一个问题，新凯恩斯主义者是用菜单成本的存在来说明的。所谓菜单成本是指厂商在调整产品价格时必须付出的成本，它包括编写新价目表和更换价格标签的成本，同时还包括重新定价的会议成本，把新价格通知给顾客所必需的交通和通信成本，甚至包括思考改变价格时所付出的努力成本等。由于厂商每次调价时都要付出一定数量的成本，所以厂商在调价时必须考虑菜单成本与利润之间的关系。当菜单成本大于调价后的利润变动量时，以利润极大化为目标的厂商宁可保持价格不变。只有在调价后利润的变动量大于菜单成本时，厂商才有调整价格的动力。对于第二个问题，新凯恩斯主义者则用"宏观经济的外在性"来说明，即以利润极大化为目标的厂商在微观层次上的定价行为导致了宏观层次上社会福利的巨大损失。例如，当总需求减少时，如果调整产品价格的菜单成本损失大于调价后的利润增加额，厂商则减少产量而维持价格不变。这样做对厂商来说利润损失是很小的，在数学上被称为"二阶小"，而对于社会来说福利损失是较大的，在数学上被称为"一阶大"。众多的厂商在总需求减少时都维持价格不变而减少产量，在宏观层次上导致的社会福利损失则是巨大的，从而引起经济衰退的发生。

菜单成本理论领域的研究包括 Mankiw（1985）与 Akerlof & Yellen（1985）的"菜单"成本模型。Ball & Romer（1991）阐明了在具有实际刚性的经济模型中，比如在效率工资模型和 Okun（1982）的顾客市场模型中，以及在 Woglom（1982）的基于不完全信息的纵错产品需求模型中，很小的菜单成本能够产生很大的名义黏性。

虽然菜单成本可以解释定价的迟缓现象，但认为这种差别就是导致货币扰动具有显著实际效应的真正原因未免显得牵强。很难相信调整生产所耗费的成本会小于重新印制价格目录的成本。而且随着计算机的广泛应用，对大多数的零售企业来说，价格调整的成本已经大大降低了，然而货币当局对经济施加短期影响的能力却没有因此而出现重大的转变。而且以上这些早期引入名义刚性模型主要是静态的，刚性条件的引入虽然强化了货币扰动对实际产出的影响，但却不太适合用来解决货币对实际变更的持续性影响问题。而一些像 Phelps 和 Taylor（1977），以及 Rotemberg（1996）和 Yun（1996）的具有名义刚性的简单动态模型，仅仅能够产生与货币冲击同期的而非持续的实际经济波动。毋庸置疑，能够产生货币冲击的持续性实际影响的一个容易的办法是简单地假设工资或者价格在长时期内是外生固定的。然而，正如 Taylor（1999）所总结的一样，大量的经验证据表明，名义合同的平均长度大约是一年左右，远远短于持续 5 年或者更长时间的一个标准商业周期的跨度。但前美国联邦储备银行在 1997 年 10 月的银根紧缩期策略导致了一直持续到 1984 年的经济衰退，而 30 年代经济大萧条的跨度就更长了。宏观经济学家们所面对的困难是如何从短期的外生名义黏性来解释长时间的内生名义黏性和持续的实际产出波动。

20 世纪 80 年代后期，新凯恩斯学派的壮大，使从市场结构出发为凯恩斯非出清结论提供微观基础的理论得到普遍认同。新凯恩斯主义和正统凯恩斯主义模型的共同特征在于强调市场不会持续出清，即价格不能足够快地调整以出清市场，因此，需求和（或）供给冲击将导致经济中产量和就业的巨大的真实效应：产量和就业对其均衡值的偏离可能是巨大而长久的，而且这种偏离对经济福利有害。而新凯恩斯主义和正统凯恩斯主义模型的关键区别在于，后者倾向于假定一个固定的名义工资；新凯恩斯主义则试图为解释工资和价格黏性现象提供一个可以接受的微观基础。新凯恩斯主义理论家的主要目的在于解释名义刚性是如何从最优化行为中产生的，因此在其构筑的凯恩斯主义宏观经济学的微观基础上，继续保留了经济行为人最大化原则的假设，即厂商追逐利润最大化和家庭追求效用最大化；同时引入了新古典宏观经济学的"理性预期"假设。新凯恩斯主义模型与之前的货币增长模型之间的一个关键区别在于对定价行为的看法：与认为企业是"价格接受者"的观点相反，新凯恩斯主义认为，企业是"制定价格的垄断竞争"企业，而不是完全竞争企业，由此新凯恩斯主义在货币模型中加入垄断竞争市场结构因素，使价格黏性变为系统内生变量。这种建立在垄断竞争和个体最大化行为基础上的分析目前已经成为货币经济学分析的主流发展方向。

二　不完全竞争和错叠合同

在原本竞争性的模型中简单地引入名义刚性，自然而然地引出一个问题：也就是工资和价格是由谁确定的，但是完美竞争模型回避了这一问题。新凯恩斯主义的经济学家们为了处理定价问题，在模型中引入了垄断竞争。他们认为，不完全竞争会导致总需求的外部效应

（Blanchard & Kiyotaki，1987），产出过低而不具效率的均衡及多重均衡（Ball & Romer，1991），但垄断竞争本身并不导致货币的非中性。要产生显著的货币效应，价格黏性仍然是关键因素，而价格黏性的来源与垄断竞争条件下工资和价格的设定方式是息息相关的。[①]

（一）错叠合同（Staggered Contracts）的设定

根据经验事实可以知道，名义合同的平均长度大约是一年左右，也就是说，大部分的工资和价格能够在一年内得以调整，那么是什么使得货币的非中性能够持续超过一年呢？Taylor（1980）和 Blancard（1983，1986）提供的答案是，工资和（或）价格的调整是非同步的。很显然，如果工资和价格的调整是同步的，那么在一个对称的均衡中，伴随着货币的冲击，所有的经济体只要有调整工资和价格的机会将会进行充分的调整。在这种情况下，充分调整所花费的时间不会超过在工资或价格上的外生名义黏性时间。他们揭示，当工资或价格的调整非同步时，在他们的结构性模型中，对于货币冲击的充分调整所花费的时间可能会比在每一工资或价格上的外生名义黏性的时间要长得多。在 20 世纪的最后 10 年里，研究人员已经收集了大量的经验证据，表明在现实的经济活动中，在不同的企业与家庭之间，价格与工资的调整确实是高度错叠（Stagger）的。相对于这些实际调查研究，大量的理论工作也已经被展开，显示出这种调整上的错叠可以是最优化决策行为的结果。例如，Ball & Romer（1989）已经推论出，如果存在着带有个体企业特征的冲击，并且当这种冲击对不同的企业是在不同的时点上产生的话，那么这种错叠就有可能是一种均衡的结果。Ball & Cecchetti（1998）也证明，在不完全信息条件下，如果企

---

① 关于名义黏性的产生原因，新凯恩斯主义探讨价格黏性产生原因的理论还有：（1）密集（thick）市场的外部性（即策略性互补）促进了衰退时期边际成本曲线的上升和繁荣时期边际成本曲线的下降而导致真实价格刚性（Diamond，1982）；（2）顾客市场模型中价格变动的需求非对称性的存在，就会产生相对价格黏性（Phlps，1985）；（3）Gordon（1981、1990）的投入—产出理论；（4）资本市场的不完全性理论；（5）"根据价格判断产品质量"假说。探讨价格黏性产生原因的理论有：（1）效率工资理论；（2）局内人—局外人理论。由于本书主要关注一般均衡分析框架，因此对未能引入一般均衡框架分析的这些理论不再加以赘述。

业不能够区分整体需求冲击和个体企业特征的冲击的话，那么它们就没有同步化调整的诱因。Gordon（1990）认为，在一个不完全信息的环境里，投入产出结构的复杂性使得企业同步化调整不大可能出现。Dotsey，King & Wolman（1997，1999）阐明，在一个一般动态均衡的框架内，不同企业间菜单成本的差异也会导致内生错叠的产生。Lau（2001）在最近的研究中发现，当置于一个策略互补的博弈理论模型中时，依赖于时间错叠的调整规则可以是一种均衡的结果。

构建黏性价格模型的方法分为两类：一类被称作"时间依赖模型"（time-dependent model）；另一类被称作"状态依赖型定价模型"（state-dependent pricing models）。时间依赖模型的一个简单假定就是令价格在一段时间内是外生给定的。Tayor（1979，1980）描述了在确定性错叠工资设定下的经济，证明了当错叠期少于一年的情况下，能够产生总体变量的持续性效应，并且与战后美国的经济周期变动十分相似。Blanchard（1983）也证明了存在错叠工资合约时，可以得到相似的结果。Taylor类型的设定方式是一个人为拟订（ad. hoc）的对数线性化结构模型，其中工资被设定为外生的。从20世纪90年代后期开始，随机错叠方式得到了广泛采用，这种由Calvo（1983）和Rotemberg（1982）所发展的动态价格设定规则假定，对每个企业而言价格设定是随机的，但是总体而言，每期只有固定比例的企业重新调整价格。Calvo和Taylor价格设定模型的一个关键特征是，一旦前瞻型企业认识到它们是周期性的最优化产品的价格，它们将在当期价格中加入更高的未来预期实际边际成本，因为在更高的边际成本出现时，它们有可能无法提高价格。同样的，为了避免相对价格的下降，企业将在他们设定价格时引入通货膨胀。这些模型常常意味着经济体通货膨胀与长期趋势值的偏离主要是因为当期和预期的企业实际边际成本的变化。

在Taylor和Blanchard所提出的错叠调整模型中，调整是在给定的、错叠的时间点上进行的。另外一类相关的模型则强调基于经济的情势和状况的工资或价格调整，这类模型被称为"状态依赖型定价模型"。即在任何时期里，改变价格的企业数量是由经济内生决定的。这一领域的研究成果包括 Caplin & Spulber（1987），Caballem & Engle（1992），以及 Caplin & Leahy（1991，1997）的著作。Ball & Mankiw（1994）建立了一个既依赖于时间的错叠的价格调整，又依赖于经济情势的价格调整的模型，并且用它来解释所观察到的名义价格调整的非对称性。虽然依赖于经济情势的调整对于一个具有固定的调整成本的经济体来说可能是最优的。但正如 Caballero（1989）所指出的那样，如果调整的主要成本是在于收集关于经济状况的信息而不是实际调整本身，那么依赖于时间的调整可能是最优的。Bonomo（1992）观察到，当依赖于经济状况和依赖于时间的调整都存在时，价格水平的表现可能与它在依赖于时间调整情况下的表现是一样的。Dotsey，King & Wolman（1999）通过假定企业改变价格时要支付一个固定的成本构建了状态依赖型定价模型。而 Burstein（2002）则假定企业在改变价格计划时须支付一个固定的成本。一旦企业支付了成本，它们不仅能选择当期价格，还可以设定一个完整的未来价格序列。Dotsey，King &Wolman（1999）证明，在一个一般动态均衡模型里，虽然在依赖于经济状况调整下的总体经济活动的表现跟它在依赖于时间调整下的表现在某些条件下可以是相似的，但在很多情况下，前者具有更加丰富的经济含义，而这些含义是后者所不具备的。状态依赖型定价模型的一个关键特征是，货币政策的变化幅度对于经济活动的不同影响是可以定量分析的。但是状态依赖模型在处理上相对困难，而且对于现象的解释力相对于时间依赖模型并没有明显的改进。因此没有得到足够的重视。

需要指出的是，产出和价格水平持续性的问题与通货膨胀持续性的问题是相对应的。Parkin（1986）研究了在需要付出成本去改变价格的情况下产出与通货膨胀的折中问题。Ball（1994）证明，尽管 Taylor 类型的名义合同能够导致总体产出和价格水平的持续性，但是它在解释通货膨胀率的持续性时却遇到了困难。Ball（1995）发现，中央银行不完善的信用可以帮助解决通货膨胀持续性的问题。Fuhrer & Moore（1995）揭示出，一个具有相对工资而不是名义工资错叠合同的模型能够模拟显著的通货膨胀的持续性，也就是说，他们采用的假设是通货膨胀率具有黏性而不仅仅是价格水平具有黏性。Fuhrer & Moore（1995），Nelson（1998），Huang & Liu（2000b），Huang, Liu & Phaneuf（2000b），以及 Ireland（2001）也对通货膨胀持续性的问题做了深入的分析和研究。但是，价格黏性或通货膨胀黏性中哪一个更符合通货膨胀的实际过程，在实证上尚未有定论。

（二）新凯恩斯主义一般均衡框架

前一部分讨论了价格黏性所产生的重要原因：价格的错叠设定问题。本部分要对引入错叠价格设定的货币模型的发展作简要综述。Beaudry Devereux（1995），King Watson（1996），Chaff, Kehoe & McGrattan（2000）等人在模型中引入一个处于垄断竞争状态的中间品市场，并在厂商最优化行为的基础上沿袭 Taylor（1979，1980）的交错价格调整假设，即名义合同跨越数期，而每一期只有一半工资或价格可以重新谈判。厂商在 t 时期设定一个在未来数期内都有效的，根据对未来数期情况的预期来做出决定的价格。但是，总体价格水平也取决于那些以前设定现在也仍然有效的价格。这使得总体价格水平同时具有了前瞻性和后顾性两种性质。引入 Taylor 黏性价格框架的模型模拟结果显示，模型可以产生现实中所体现出的实际产出对货币冲击的持续性反应。但如果不考虑劳动力市场的均衡问题，直接假设厂商的劳动需求与居民户的劳动供给一致，那么只有在劳动供给弹性非常高的情况下模型结论中的价格随货币供给进行调整的方程才与实际宏观经济数据走势相吻合，否则就不足以对货币冲击进行解释。不仅如此，不考虑劳动力市场的均衡本身就是有问题的，因为劳动供给弹性是一个与居民户效用最大化问题相关的变量，所以有必要把模型从厂商局部均衡扩展到一般均衡。

经济学家发现，如果采用新古典综合的阿罗—德布鲁一般均衡分析框架，那么名义黏性假定只能通过在货币需求等于货币供给的等式中进行强行规定来体现，这种遵循 MM 定理的处理方式已经被证明是不符合现实情况的。鉴于此，Yun（1996），Good-friend & King（1997），Rotemberg & Woodford（1995，1997），McCallum & Nelson（1999）等人在 90 年代后期着手发展了以居民户和厂商最优化行为的动态、随机、一般均衡框架的微观基础，结合某种形式的名义工资及价格黏性的新凯恩斯动态随机一般均衡模型。这些模型的一个显著特点是：融合了真实经济周期理论和新凯恩斯主义的核心要素，将跨时最优化和理性预期运用于作为新凯恩斯主义核心的价格和产出决策以及作为真实经济周期理论核心的消费、投资和要素供给决策，为宏观经济学提供了动态微观经济学基础。与传统的凯恩斯主义相比，新凯恩斯主义综合吸收了动态一般均衡和理性预期方法，使得关于总量的均衡条件是从与所有市场同时出清相一致的消费者和厂商最优行为中推导出来的，从而具有更加坚实的微观理论基础。它通过强调不完全竞争，个人和厂商基于理性预期的工资和价格决策所造成的名义黏性，为货币非中性提供了有力的理论支撑。

在新凯恩斯动态随机一般均衡模型中，名义价格黏性的产生有别于 Taylor 假设，采用的是更接近于现实的 Calvo（1983）假设，即设定处于垄断竞争市场中的厂商不是很频繁地调整自己产品的价格，而且价格调整的机会遵循一个外生的泊松过程。每个厂商在每一期都有可能调整价格，其可能性以一个固定的概率 $1 - \omega$ 来代表，每个厂商的价格调整间歇期为 $1/1 - \omega$。因为调整价格行为是否发生是随机的，所以对单个厂商而言，价格变动的间隔也是一个随机变量。在每一期里，厂商的意图是使自己的损失函数（体现泊松过程的本期产品价格与使自身利润最大化的产品价格之间的差距）最小化。Calvo 假设得到的价格调整方程与 Taylor 假设的结论很相似，不同的是，Calvo 类型的价格调整有更好的持续性，比如说假设产品合同每两期必须重新签订，那么按 Taylor 假设现有的价格均不可能保持两期以上（每一期期初都有一半的厂商调整自己的价格），相反，在 Calvo 假设下，产品合同每两期重新签订只意味着 $\omega = 1/2$，价格调整间歇期的期望值为 $1/1 - \omega = 2$ 个时期，也就是说，仍然有部分价格将在两期过后得以保留，只不过随着时间的推移保持不变的可能性在降低。

新凯恩斯动态随机一般均衡模型中的经济主体包括提供劳动、购买消费品及在货币和债券之间进行资产组合的居民户，雇佣劳动并在垄断竞争市场上销售产品的厂商和确定名义利率的中央银行。居民户和厂商均以自身利益最大化为目标，因为缺乏充分竞争，所以假设厂商自己确定产品的价格，但并不是所有的厂商在每一期期初都重新确定价格，其过程如上所述，名义利率是货币政策的代表。在 1977 年 Dixit & Stiglitz 著名的垄断竞争模型框架和 Calvo 假设基础上，新凯恩斯动态随机一般均衡模型推导出了代表居民户最优跨期消费行为的需求曲线（附加预期的新的 IS 曲线）和代表厂商为最大化利润而进行价格调整的新凯恩斯供给曲线（新凯恩斯菲利普斯曲线）。

$$x_t = E_t x_{t+1} - \left(\frac{1}{\sigma}\right)(\hat{i}_t - E_t \pi_{t+1}) + u_t \tag{4.9}$$

$$\pi_t = \beta E_t \pi_{t+1} + k x_t \tag{4.10}$$

其中 $x_t = \hat{y}_t - \hat{y}_t^f$ 表示产出缺口，$u_t \equiv E_t \hat{y}_t - \hat{y}_t^f$ 只取决于外生性生产率扰动。与传统的 AD、AS 曲线相比，新凯恩斯需求和供给曲线最大的改进体现在以下几方面。

1. 新 IS 曲线

从（4.9）式显示的新 IS 曲线可以看出，一方面，当期产出依赖于预期未来产出和实际利率。在新凯恩斯主义模型中，预期未来产出的增加会提高当期产出。因为代表性家庭在追求一生效用最大化的动机下，偏好于平滑化自己在整个生命周期里的消费，与预期未来高产出相关的是预期高消费，平滑消费的行为导致当前消费增加，消费增加带动需求上升，在黏性价格条件下，当前产出相应提高。所以新凯恩斯主义框架强调消费者的理性预期行为在决定当期产出过程中的重要的作用。另一方面，模型中 $\frac{1}{\sigma}$ 代表了总需求的利率弹性，因此产出缺口不仅依赖于本期实际利率和需求冲击，而且依赖于实际利率与总需求冲击的预期路径。在存在名义价格黏性的条件下，货币政策能够通过影响名义利率而引起短期实际利率及其预期路径的变动，由于 $\frac{1}{\sigma}$ 反映了消费的跨时替代弹性，实际利率的变化会导致消费轨迹的变化，从而使货币政策当局能够通过选择实施适当的货币政策而影响总需求。

2. 新菲利普斯曲线

在新菲利普斯曲线中，本期通货膨胀完全取决于对当前和未来经济条件的预期。(4.10) 式表明，当期对未来的预期会对本期的变量产生影响，由此体现出通货膨胀具有前瞻性质。由于厂商调整商品价格的频率受到约束，当前能够重新设定自己商品价格的厂商认识到，他们选择的商品价格可能要持续一期以上的时间，因此，他们发现，在做出目前的定价决策时，参考对未来成本和需求状况的预期可能是最优的，在没有大的对预期产生影响的外在因素存在时，可以认为，这种合同的价格预期是由上一期价格变化的趋势决定的，价格黏性就此产生。既然总体价格水平的变化是当前定价决策的结果，于是通货膨胀就包含着重要的前瞻性成分。这种前瞻性特征在所谓新菲利普斯曲线中得到了明确的反应。另外，各个厂商不能灵活调整价格而使厂商定价行为具有交错特点，正是因为价格调整具有交错特点，通货膨胀的变动取决于当期能制定新价格的厂商的定价决策。在新凯恩斯主义模型中，加成（或等价的，真实边际成本）的变化在通货膨胀变化中具有重要作用，在每期新制定了价格的厂商的定价决策受当前和预期未来边际成本的影响，这种边际成本原则上与过去通货膨胀并不相关，从而使得当期通货膨胀并不依赖通货膨胀的滞后值。

由于通货膨胀预期主要体现在供给方面，所以有关新凯恩斯动态随机一般均衡模型的实证检验都集中于此，总的来说，理论与现实的拟合度仍有待加强：Nelson（1998），Fuhrer（1997），Rudebusch（2002），Gali & Gertler（1999）等人的研究表明，美国经济现实中通货膨胀的持续性要比在新凯恩斯价格调整曲线中所表现出的持续性更强，这意味着就美国而言，在当期通货膨胀的形成中，似乎是以前各期的通货膨胀比以后各期的通货膨胀（预期）更有影响力，而且曲线简化方程中揭示出的通胀与失业率之间的负相关性也与美国当代经济现实数据不符。尽管如此，新凯恩斯一般均衡模型仍在当代货币传导理论中占据重要位置，在价格黏性的基础上，它强调的是货币政策通过实际利率作用于消费，从而引起对事实均衡的影响。Christiano, Eichenbaum & Evans（2001），Dotsey & King（2001）通过对货币政策的基本利率传导机制作扩展，证明如果在模型中加入资本这个变量，实际利率渠道同样适用于投资领域，即实际利率上升会导致对资本需求的下降和投资支出的减少。

（三）对新凯恩斯主义一般均衡框架的修正

Chari，Keho & McGrattan（2000）通过在具有理性预期的一般动态均衡模型中加入 Taylor 类型的错叠价格合同来分析产出的持续性。他们发现，在模型的基本参数的经验值范围内，错叠的价格调整机制本身并不能使货币政策冲击产生任何内生持续的影响。这个结果跟早期 Taylor 和 Blanchard 的预言相反。这一结果也使得大量学者开始在黏性价格模型中引入各种其他因素来改进黏性价格模型在模拟持续性方面的能力。

正如 Ball & Romer（1990）所强调的，价格黏性只有在边际成本的"成本推动"影响很小时才会产生。Kiley（1997）考虑了无限劳动供给弹性，并引入了规模收益递增的假定，发现在个体企业层面上的高度规模收益递增能够帮助产生持续性。Dotsey 等人（1997）发现，企业间不同的菜单成本分布能够使错叠的价格合同内生化，再加上可变化的生产能力的使用率可以帮助产生更多的持续性。Gust（1997），Edge（2000），以及 Huang & Liu（2001a）发现，对于不同产业，不同部门间生产要素流动阻碍能够帮助传导货币冲击去模拟持续的实际波动。Kim（2000）则强调不同的调整成本的作用。Bergin & Feenstra（2000）采用了特定要素的错叠价格机制和一个非常替代弹性生产函数来产生产出的持续性，King & Rebelo（2000）在模型中引入了可变的资本使用率，试图平滑资本租赁率对于产出变动的反应，Christiano，Eichenbaum & Evans（2001，2004）发现，为了得到货币冲击对于实际产出的持续性，必须引入一些摩擦项，这些额外的因素有许多已经是当前模型分析中所必需的部分。Devereux & Yetman（2003）沿用了 Fisher（1977）的前定价格（Predetermined Prices）设定——该假设认为，企业对未来的每期均会设定不同的价格，他们通过引入价格调整的概率，在证明了存在实际黏性的情况下货币冲击对于实际产出具有持久影响。

　　然而，最普遍使用的方法是将错叠工资合约作为错叠价格机制的替代或是补充引入模型进行分析。由于 Taylor（1980）的结构方程式分析的影响，长期以来，就模拟持续性来说，错叠价格机制与错叠工资机制被看作是两种效果等同的机制。Huang & Liu（1999，2001a）以及 Andersen（1998）发现，在一个没有实际刚性的最优化一般均衡的构架内，情况并不总是这样。他们指出，尽管最优化的工资决定方程式与最优化的价格决定方程式看上去是很相似的，但是在这两种不同类型的名义错叠合同下的这两个动态方程式控制持续性的一个关键参数是通过完全不同的方式跟偏好与技术的基本参数联系起来的。Erceg（1997）使用 Taylor 类型的工资设定方式来模拟劳动市场黏性，证明了产出的持续性得到一定程度的增加。Jeanne（1997）采用 Calvo（1983）的方法来设定商品市场的名义黏性，并且通过引入一个人为拟订的实际工资函数来模拟劳动市场的实际黏性。Huang & Liu（1999）采用错叠工资模型，发现模型中的实际变量总可以产生单调向下的变动，而错叠价格模型却是波动下降的。Andersen（1998）也证实了错叠工资模型使得模型中实际变量所产生的反应持续时间比错叠价格模型中的更长。Amber，Guay & Phaneuf（1999）认为，名义工资合同和劳动调整成本的相互作用可能是一个潜在的货币冲击传导机制，Erceg，Henderson & Levin（2000）利用 Calvo 模型在一个最优化框架中引入了黏性工资和黏性价格，并探讨了同时具有工资和价格刚性模型中通货膨胀的调整方式，Christiano，Eichenbaum & Evans（2001）利用美国的数据对这一模型进行了估计，发现实际观察到的通货膨胀和产出动态的关键因素看来是工资刚性而不是价格刚性。Edge（2002）认为，错叠价格和工资设定能够导致货币冲击对产出产生持续性影响的相对能力取决于关于要素市场的不同假设，当在错叠价格模型中考虑到企业特定要素投入时，错叠价格模型与错叠工资模型是等价的。但 Huang & Liu（2002）却认为，在持续性产出变动方面，工资黏性比价格黏性更加重要。但总体来说，Andersen，Huang & Liu 等建立的错叠工资模型所刻画的货币政策冲击对产出持续性的程度仍然低于实际观察到的持续性。

黏性名义工资模型通常遭到批评，一方面由于工资有时候被看作只是对真实劳动力成本的一种颇为粗略的衡量（Kimball，1995），另一方面是因为这一类模型通常隐含了反周期性的实际工资变动（McCallum，1986 & Romer，1996）——货币政策扩张引起价格水平上升，由此而来的实际工资下降导致厂商增加雇佣劳动力，产出随之增加。但对于工资数据的一般观察显示，实际工资似乎是非周期或轻微同周期的。通过对多个国家在过去的 130 多年中数据的研究，Basu & Tayalor（1999）发现，在最早的两种国际货币体系内，也就是说，在从 1870 年到 1914 年的黄金标准体系内和在从 1919 年到 1939 年的自给自足体系内，实际工资是非周期性的；但在后来的两种国际货币体系中，即是说在 1945 年到 1971 年的布雷顿森林体系中和在 20 世纪 70 年代以来的浮动汇率体系中，实际工资则显示出轻微的同周期性。在 Bils（1985）基于微观层次数据的研究中也发现了实际工资同周期性的证据。此外，Solon，Barsky & Parker（1994）揭示，在工资数据中，如果 Stockman（1993）所指出的那种嵌套组成偏差被更正的话，那么控制了反映雇员个体特征以后的实际工资比分析员通常使用的那种平均工资指数会呈现出更强的同周期性。

因为在黏性价格下实际工资是同周期性的，而在黏性名义工资下，它却是反周期性的，人们通常相信，价格合同和工资合同的双重错叠可以在实现货币冲击所引发的产出的持续性的同时，导致非周期性的实际工资的变动。比如，Blanchard（1986）认为："正是工资和价格决定双重错叠的这种调整过程的本质暗示了需求冲击下的实际工资和产出间应不存着系统的联系。"然而，Huang & Liu（1999a）却发现，在一个伴随着资本积累的一般均衡模型中，情况并非总是如此。他们揭示出，尽管双重错叠模型与价格错叠模型相比可以产生更多的产出持续性，并且与价格错叠模型和工资错叠模型相比，它产生了更弱的实际工资反应，但它同工资错叠模型相比并不会增加产出的持续性，却跟工资错叠模型一样预测出实际工资对于货币政策冲击的反应是反周期性的。这也就是说，即使价格和工资决定都是错叠的，实际工资也可能是呈现反周期性的。这是因为在均衡的状况下，价格水平在记录了这种刚性的工资指数的同时还记录了一个具有灵活性的资本租赁率，因此它会比工资指数变化更大。这也就隐含了一个更加可变的价格水平。换言之，在这种伴随着资本积累的双重错叠模型中，实际工资的反周期性一定是会伴随着资本租赁率的同周期性而出现。

关于新凯恩斯主义一般均衡框架修正的第三类方法则着眼于通过引入一个生产方面的投入—产出关系来改进模型对于现实世界冲击的持续性反应。Huang，Liu & Phaneuf（2000a，b）认为，传统建模方法中所抽象掉的现实世界中的投入—产出关系可能在解释货币冲击的传导机制方面的作用是不能被忽视的。大量的证据表明，投入—产出关系和经济变量的行为之间存在着一种紧密的联系。对于这一证据的描述至少可以追溯到 Means（1935）和 Gordon（1981）的著作。Gordon（1990）认为，"投入—产出表在描述价格黏性方面是一个本质的要素"。这些证据已经激发了大量的研究工作，致力于了解如何可以通过一个平行的投入—产出关系来解释传导商业周期中冲击的机制。Huang（2001a）发现，嵌入这样一种投入产出结构会提高价格错叠机制模拟持续性的能力，但它却不会影响工资错叠机制在这一方面的表现。Huang，Liu & Phaneuf（2000a）揭示出，为了同时模拟产出持续性和现实经济中所观察到的实际工资动态，投入—产出关系和双重错叠机制都是必需的要素。他们发现，当投入—产出联系变得更加复杂但还处于经验可信的范围之内时，即使在周期性的边际成本和更大的产出持续性面前，实际工资也会从反周期性的行为变为非周期性的行为甚至同周期性的行为。他们模型中的投入产出结构递增的复杂性与战前到战后的现实经济中投入—产出联系越来越高的复杂性是一致的。这种现实经济中投入—产出联系的复杂性变得越来越高的趋势在经济学界已经被研究。因此，除了能够解释所观察到的产出的持续性外，他们的模型还能解释早期当生产过程只包含简单的投入—产出关系时实际工资的反周期性或非周期性行为，以及近些年来当投入—产出联系变得更加复杂时，实际工资的同周期性行为。

Hanes（1999）的观察以及 Means（1935）和 Gordon（1981）的

经验证据还表明，除了那种平行的投入—产出关系外，现实经济中还存在着一种重要的垂直的投入—产出结构，也就是一个生产链。Clark（1999）在最近的经验研究中也指出，一个最终产品的生产一般要经历多个加工处理阶段。Blanchard 早期的理论研究和 Clark 最近的经验分析都证实了 Means 对需求冲击下的生产过程中不同的加工处理阶段的价格变化模式的观察结果。用 Clark 的话来说，"货币政策冲击下生产的早期阶段的价格反应比在生产的随后阶段的价格反应要大"。Blanchard 将其形容为一种"蛇形变化"。Huang & Liu（2000b，2001b）在一个一般动态均衡的价格错叠模型中加进了一个生产链，他们演示说明，这个模型能够传导一个货币冲击去模拟实际总产量和通货膨胀率的持续波动，并同时模拟以前所观察到的在生产的不同加工处理阶段中价格变化的动态模式。他们的结果解释了正如 Means 和 Clark 所观察到的在现实经济活动中对于货币冲击为什么原材料价格的反应比初级产品价格的反应要敏感，而初级产品价格的反应比半成品和成品价格的反应又更加敏感。他们的模型还预测，当生产链变得更长时，价格水平，比如 CPI 的变动会更加滞后于在生产的加工处理早期阶段的价格变动。这个结果给 Hanes（1999）的观察提供了一个合理的解释。Hanes 观察到，随着从战前到战后最终产品的生产工序变得越来越复杂，现实经济中价格的同周期性变得越来越弱了。因此，这个模型为那些专注于通过对一些价格敏感部门的价格变动，比如说原材料部门的价格变化，来寻求总体价格水平变化趋势的政策制定者和经济预测者们提供了理论上的依据。

第三节　强调信贷市场不完美的影响（信贷观点）

新凯恩斯主义分析框架主要强调了货币扰动通过利率对经济的影响，但单是利率渠道对货币冲击的传导还不足以解释现实生活中货币变动对经济的影响力度和持续性（Bernanke & Gertler 1995）。实证研究揭示，即使是在投资需求的利率弹性很小的时候，货币冲击带来的利率相对较小的变化仍能对真实经济行为产生强烈的影响，而且这一点在负向的货币冲击发生时表现得更加明显：即便是利率已经回到了冲击前的水平，负的产出效应仍会持续。最后，相对于长期利率而言，一般认为，货币政策对短期利率的影响更为强烈；然而，现实经济中货币冲击却会影响耐用消费品（如固定资产和房产）的购买，这些都说明除了新凯恩斯主义分析框架所强调的利率机制外，货币变动的传导还有其他的渠道。

随着 20 世纪 80 年代建立在逆向选择、道德风险和监督成本之上的各种关于信贷市场不完美性的理论的发展，信贷市场的不完美性被引入宏观经济分析，关于货币冲击是如何通过信贷市场不完美而影响投资和产出的理论也成为学术界讨论的一个热点。强调货币冲击的信贷市场传导机制的模型都强调对 MM 定理（1958）的偏离，MM 定理的基本原理关于企业的投资和融资决策是独立的，企业的融资结构与它的投资需求无关。与此相反，持信贷渠道解释观点的模型认为，企业资本结构的变化主要是由于信息不对称（Akerlof，1970；Rothschild & Stiglitz，1976）和委托—代理问题（Worms，1998）。在保留基本利率传导机制的流动性效应作用的同时，持信贷渠道解释观点的模型所包含的因素可以放大流动性效应对产出和就业的影响，因此也被称为"金融加速模型"（Bernanke，1996），而且货币变动对不同类型的企业和地区还有着重要的分配效应（distributional effects）（Hubbard，1995）。

一　金融加速器的基本概念

信贷观点强调货币冲击通过银行信贷渠道影响实际经济增长。按对非货币金融资产进行分类的不同标准，银行信贷渠道可分为狭义和广义两种。狭义的银行信贷渠道把非货币金融资产分成银行贷款和其他非银行贷款金融资产两类；广义的银行信贷渠道则在更广泛的意义上将非货币资产分成企业内部融资获得的金融资产和外部融资获得的金融资产两类。

狭义的银行信贷渠道又被称做"银行贷款渠道"，从对非货币金融资产的分类上已经可以看出，它着重强调的是银行及其信贷在货币传导中的重要作用，认为货币政策通过调整银行准备金影响金融市场中的利率。广义的银行信贷渠道又被称做"金融加速（Financial Accelerator）机制"，其分析范围涵盖了包括银行信贷在内的所有信贷行为。两者的区别主要体现为以下两点：（1）狭义渠道没有涉及信息问题，广义渠道则将信贷市场上"不完美信息"这个无处不在的重要特性考虑在内，并将由此引起的"外部融资升水"和"信贷配给"视作加速传导机制产生的原因；（2）狭义渠道的分析角度是贷款人—银行，而广义渠道则从包括企业和居民户在内的借款人角度展开讨论（Oliner & Rudebusch，1995）。

鉴于本章的重点是探讨一般均衡分析框架章中货币对于经济增长的作用及机理。关于狭义的银行信贷渠道的理论综述，本文将不予涉及，只对一般均衡框架下货币冲击通过广义银行信贷渠道，即金融加速器影响经济的代表性文章和最新研究进展做简要回顾。

Bernanke 和 Gertler 于 1989 年提出，由于信贷市场摩擦的存在，除非企业对外部融资全部做抵押担保，否则，外部融资的成本高于内部融资，存在着外部融资的升水现象。外部融资升水的程度和企业净值呈反比关系，因此企业资产负债状况的改变，也即企业净值（net worth）能够引起投资的变化，投资的改变会进一步引起下一期产量的变化，从而造成经济波动。当企业遭受到经济中的正向冲击或负向冲击，其净值随之升高或降低时，经由信贷市场的作用会将这种冲击对经济的影响放大，这种效应称为"加速器效应"。具体来讲，以负向货币冲击为例，广义的信贷渠道，即金融加速机制的"加速"传导效果是通过以下两种途径来实现的。

1. 资产负债表途径（balance sheet channel）

负向的货币冲击会引起利率的上升，随之而来的金融资产（主要指股票）价格变动在导致企业和居民户对外融资的抵押物品价值（即企业净值）降低的同时提高了代理成本（也称"状态鉴别成本"，costly state verification，与净值呈反向相关），使企业外部融资升水（即内部融资与外部融资之间的成本差异）升高，外部融资不畅所导致的资金匮乏迫使企业减少投资支出，居民户因对自己陷入财务困难可能性的预期比较高而减少消费，共同形成放大货币冲击效果的加速（衰退）效应。

2. 信贷配给（credit rationing）途径

通过影响金融市场效率或者说通过影响借款人所面临的信贷配给规模来放大货币冲击。这里的"信贷配给"指的是 Stiglitz & Weiss 于 1981 年提出的均衡信贷配给概念，它包括两层含义：（1）在一定贷款规模的前提下，信贷市场上出现了状况相同的借款人，有的能得到贷款，有的却得不到贷款的情况，而且得不到贷款的借款人即便愿意付出更高的利率也还是不能改变这种情况；（2）一旦放松贷款规模，原来得不到贷款的借款人将得到贷款。信贷配给的定义揭示出在有信贷规模限制时，市场即便达成均衡利率，依然存在着即使利率提高也不能出清的贷款需求，在此基础上如果实行紧缩货币政策，则势必会加剧信贷市场上的萧条，形成放大货币冲击效果的加速（衰退）效应。

二 将金融加速器引入新凯恩斯主义框架

在一般均衡模型中嵌入金融加速机制面临一系列的障碍（Bernanke, Gertler & Gilchrist, 1996），首先要将经济主体进行分类，以便内生出借款人和贷款人；其次对借款人要进一步细分以体现信贷渠道的信息不完美假设前提。这方面较早的贡献来自于 Bernanke & Gertler（1986）。他们应用了一个内生的新古典商业周期动态模型，认为在不完全信息的状况之下，借方清偿债务能力的变化能够启动和放大商业周期。当经济景气的时候，为项目融资的企业清偿能力越高，其担保价值越大，融资的代理成本就降低；在经济衰退时则反之。企业的担保价值和代理成本存在反向关系，担保价值的顺周期造成了代理成本的逆周期，从而放大了投资和产出的波动。Bernanke & Gertler 模型是"金融加速器"理论的开始。这个理论的思想在于外部融资升水的存在及其逆周期的性质成了经济波动中的杠杆。此后，Williamson（1987）将"高成本状态证实"的假设引入修正的真实商业周期模型之中，证明金融因素的确能够放大经济冲击波动。

Bernanke & Gertler（1989）引进世代交叠模型来分析企业的资产负债表在商业周期中的作用，其中最为关键的是"可担保的资本金"。世代交叠模型提供了一个易处理的动态一般均衡分析框架，并允许长期金融合约存在的可能，还考虑了随机审计条件下最优的激励相容合约。借贷双方的信息不对称引致了代理成本，造成外部融资的成本高于内部融资。代理成本的高低反向决定于企业资本金。由于这种反向关系，外来的扰动能通过企业的现金流延续和放大对投资和产出的冲击。此后，因信贷配给的微观理论相对成熟，理论讨论多集中于代理成本角度展开。Fuerst（1995）有关内部融资重要性的文章实际上等同于讨论了代理成本对经济周期的动态效应，但他得到的结论却是金融因素在经济波动被放大的过程中的贡献有限。Gertler（1995）紧接着证明，如果在 Fuerst 模型中附加一些前提条件，金融因素的作用就会凸显。

Bemanke，Gertler & Gilchrist（1996）的文章是这个领域的一篇经典文献。在这篇文章中"金融加速器理论"被正式提出。该文进一步将企业的抵押资产用企业自有资本金进行刻画，强调了企业资本金在经济周期中的顺周期效应及其重要作用，并且提出了影响企业自有资本的可能因素：上期收入、资产价格和债务的真实值。外部冲击通过自有资本金的变化而对产出波动产生更大的影响。这显然就是欧文·费雪债务通货紧缩理论的现代版。

在 1996 年文章的基础之上，Bemanke，Gertler & Gilchrist（1998）又进一步发展了一个可供计算的一般均衡模型，将信贷市场的不完美和企业净值纳入主流的新凯恩斯分析框架里。在文中，他们计算了金融加速器在放大货币冲击上的数量效应。以 MIU 模型为基本框架，Bemanke，Gertler & Gilchrist 引入货币；通过加入具有垄断势力的零售厂商，引入了价格黏性，使得货币不再是中性的，以便于研究金融加速器对货币扰动传导的影响；同时考虑了投资的滞后效应，使得产出的动态特征以及资产价格与投资之间的超前滞后关系更符合真实的数据。更为重要的是，在该模型中企业是异质的，拥有不同数量的资本金，因而在信贷市场上的融资能力也不同。通过适当的校准，该模型对货币冲击所引起的经济波动显示出较强的解释能力。但是该文只是简单地假设了外部融资升水的存在，而没有将其在模型的框架中内生化。

在 Bemanke，Gertler & Gilchrist 模型的基础上，Ichiro Fukunaga（2002）应用日本的数据来检验金融加速器原理，模拟了货币冲击、技术冲击和需求冲击，发现金融加速器原理能够很好地解释日本公司投资的大幅波动。Ichiro Fukunaga（2002）还改变了一些潜在的参数值，发现不同状态下金融加速器作用效果的差异。比如，当外部融资的比例上升，金融加速器的效果会更明显。Ichiro Fukunaga（2002）发现货币政策稳定经济的功能在存有金融加速器时的作用更为明显。

信贷观点强调了信贷市场的不完美性在货币传导中的重要性，而这一重要性在 Gertlera & Gilchrist（1994）的报告中得到了经验数据方面的支持。从这个角度而言，金融市场的演变，不论是由管制变化还是由金融创新引起，都可能改变货币变动影响经济增长的方式，这也表明实际上单是利率水平的分析还不足以充分衡量货币变动的效果，还应该结合企业和家庭的负债表状况。需要指出的是，"金融加速器"效应在紧缩时期比扩张时期更为明显，因此在负向货币冲击——通货紧缩的研究中，该理论得到了广泛的应用。

第四节　货币政策研究上的理论创新

20 世纪 70 年代到 90 年代中期，传统分析框架下的货币政策分析都主要以卢卡斯供给曲线为基础，模型中不包括前瞻性预期项。但随着新凯恩斯主义模型的发展，现代货币政策分析认为，前瞻性预期在货币传导过程中发挥着重要作用，它对政策设计和中央银行行为具有重要意义。由于公众的预期（包括对货币政策的预期）影响其决策和行为，中央银行行为方式的不同将导致预期和均衡结果的不同。央行可以通过预先宣布未来的货币政策来向公众表明货币当局的意图，从而有助于引导公众通货膨胀预期，进而影响宏观经济运行，这一渠道就是货币政策传导的预期渠道。预期渠道的出现能够缩短从政策工具到最终目标之间的时滞，提高货币政策钉住最终目标的有效性。在通货膨胀目标制度下，公开宣布的通货膨胀目标是央行稳定公众预期的重要因素，央行的承诺和透明性则对增强所公布目标的可信性起着关键作用，能够进一步稳定公众的通货膨胀预期。

一　货币政策传导机制创新

（一）承诺

以 Kydland 和 Prescott（1977）的开创性研究为发端，人们开始注意到中央银行可信度以及对政策事先承诺的能力等问题。如果没有对采取特定政策措施事先做出保证，那么，中央银行可能会产生不按原来计划和宣示行事的动机，这就导致了货币政策的"时间不一致性"或"动态不一致性"。早期的时间不一致性文献聚焦于消除货币政策的通货膨胀倾向（inflation bias），近十年来，新凯恩斯主义研究发现，即使中央银行的目标适度而不会出现通货膨胀倾向，由于前瞻性预期的作用，相机抉择也会引起另一种无效率，即稳定倾向（stabilization bias）。

为了消除相机政策下出现的稳定倾向，建立承诺的可信性，Woodford（1999）主张货币政策制定应采取无时间视角（timeless perspective）法。无时间视角是指中央银行忽略最优策略的初始条件，假定所采用的策略已经开始很久，使得下期所选取的最优策略值与现期预期相同，形成一个理性预期均衡，因此中央银行不存在决策过程的动态不一致性。这种"无时间视角"的承诺解相当于具有连续再承诺的固定规则下的最优解，该解要优于相机抉择解，因为货币当局通过不断地再承诺可以降低稳定性偏差。在无时间视角预承诺下，中央银行会对滞后产出缺口做出反应，从而将惯性引入产出缺口和通货膨胀过程，现在的政策会影响到私人部门对未来通货膨胀的预期，与对滞后产出缺口不反应的相机政策相比，它会改善产出缺口与通货膨胀波动之间的替代关系。

　　最新研究将重点放在当主体适应性地形成预期时，中央银行承诺的最优水平上。承诺水平的变化，表现为货币政策对滞后产出连续的反应，在理性预期下的承诺最优水平称为"完全承诺"，而将滞后产出较小的反应称为"部分承诺"。在一般情况下，应该对理性预期下的最优承诺持谨慎态度，实行部分承诺。如果放松理性预期对主体的极端信息要求，虽然在使用最小二乘学习时所形成的私人预期环境中完全承诺是最优的，但是，当引入参数不确定性或政策规则错误时，部分承诺最优。如果政策制定者对模型参数估计存在着偏差，则会在承诺下对滞后产出反应过度或不足。预期形成方式越高级（sophisticated），承诺的收益越有可能增加。虽然在后顾性（backward looking）学习规则下，部分承诺是最优的，但与纯粹的相机相比，它带来的收益相当小。后顾性主体存在，是质疑完全承诺的一个重要原因。从政策制定者对产出与通货膨胀稳定的偏好看，如果主要关心通货膨胀，完全承诺虽然也有优点，但某些部分承诺水平仍然最优。Waters（2008）根据 Evans（2003）提出的直接对私人预期反应的利率规则，进一步研究学习下的承诺收益后指出，如果主体非常重视最新信息，可能是因为政策制定者缺乏可信性，则部分承诺是学习下的最优办法。支持部分承诺最优的另一个重要原因是对滞后产出反应大小的损失不对称，从政策制定者的角度看，过度反应会产生不利的结果，因此，如果更少地重视产出稳定，就会减弱这种不对称性的影响。

　　（二）透明度

　　由于前瞻性预期对货币传导机制的显著影响，未来政策实施的透明度对保证央行政策目标与私人部门预期相一致就显得十分重要了。货币政策的有效性在很大程度上取决于政策影响对利率未来走向预期的能力（Woodford，2003）。一项透明度高的政策会降低未来货币政策行动的不确定性，并能够在产出和通胀目标之间做出适当权衡，从而提高政策的可信性和有效性。这与 20 世纪 70 年代"如果政策实施是不透明的且超出私人经济个体的预期，那么政策才有效"的观点形成了鲜明对比。

随着新凯恩斯模型被广泛用于货币政策分析，中央银行越来越重视信息公开的重要性，这在很大程度上激励政策实施更加趋于透明化。Eijffinger 和 Geraats（2005）给出了一份包括通胀目标的发达经济体（澳大利亚、加拿大、新西兰、瑞典和英国）和不包含通胀目标的发达经济体（日本、瑞士和美国）货币政策实施透明度指数报告，发现在 1998 年至 2002 年之间，几乎研究的全部中央银行的透明度都增加了，其直接表现为货币政策操作理念的转变及货币政策工具的创新，在这些转变和创新中，"利率走廊"（Interest Rate Corridor）和 "公告操作"（Open Mouth Operation）的普及应用是西方国家努力提高货币政策透明度最有力的佐证。

对于货币政策透明度与政策有效性之间的关系，Blinder（1998）认为，公众对央行货币政策更多的了解有助于提高市场效率，其原因有二：一是市场对央行如何进行货币政策决策的理解，会减少市场的投机行为；二是公众对央行决策规则的了解可以有助于减小市场的不确定性，从而有利于公众预测未来金融资产价格的变动。Howells 和 Mariseal（2002）也在研究中指出，增强央行货币政策操作的透明度，不但可以使货币政策更加有效，而且能保证以很小的成本实现央行的政策目标。除此之外，Chortareas 等（2003）通过建立计量模型，对货币政策透明度的提高能否降低央行抑制通货膨胀的成本进行了经验研究，他们对 21 个 OECD 国家的研究结果显示，货币政策透明度越高，政策抑制通货膨胀的成本就越低。

但是将透明度指数作为货币政策实施有效性的唯一标准是不可取的。一方面，中央银行货币政策实施透明度越高并不意味着货币政策更有效。因为透明度不仅仅是提供信息，而且还涉及金融市场观察和了解中央银行的市场操作。中央银行对经济结构了解的不完全、对货币政策影响公众预期的程度不确定以及经济主体有限的信息加工处理能力等因素都制约了透明的程度。而不适时地增加透明度也可能会导致市场波动的加剧。例如，在外界未察觉所存在的金融风险和内部政策失误的情况下，若央行如实发布信息，则有可能造成市场恐慌和波动。另一方面,当透明度较高时,公众很容易了解央行的偏好,并可据此推测央行的未来政策或行为。此时,公众的通胀预期对央行的政策或行为就更加敏感,这样央行力图稳定产出的政策成本就要增加,其结果也可能会扭曲稳定性政策并导致实际经济活动发生过度波动。在实践中,各国货币政策的透明度也远非完全。即使美国联邦储备委员会在最近几年的研究报告中已经发出了未来利率变动趋势的市场信号,挪威银行的通货膨胀报告也提供了随着通货膨胀和产出缺口预测的变化而对未来利率的预测,但是大部分央行并没有给出明确的利率预测。也没有哪国中央银行明确界定其目标函数,对于产出目标更是讳莫如深。中央银行面临着如何清晰、有重点地向公众传达必要的信息问题,即货币政策的透明性存在一个适度问题。针对这一问题,如何改善透明度的操作而使公众能够准确做出预期,而不会产生过激反应成为经济学家和银行家们最近研究的重点。

二　货币政策规则设计上的理论与实践创新

相对于相机抉择的货币政策,中央银行遵循一定的规则将会有更多的优势。这是理论界对货币政策操作所普遍达成的共识。作为中央银行设定货币政策工具时系统性行为方式描述的货币政策规则,它既可以是直接规定利率等政策工具的制定方式(被称为"工具规则"),也可以通过设定货币政策目标来间接给出政策制定方式(被称为"目标规则")。

(一)泰勒规则及其扩展

20 世纪 90 年代以后大量货币政策规则的研究都集中在工具规则方面,即货币政策操作能够在多大程度上由一个简单的关系式来表示,这方面的工作由于泰勒规则的开创性研究而引起了人们的广泛兴趣。泰勒规则是 Taylor(1993)提出的关于美国联邦基金利率的反应函数,它假定货币当局规定了一个通货膨胀目标,并按照利率规则调整联邦基金利率,通过联邦基金利率引导市场利率,从而使通货膨胀接近通货膨胀目标。泰勒规则的政策含义在于:中央银行在确定名义利率时应基于当前的预期通货膨胀率与实际均衡利率,同时又必须根据通货膨胀缺口以及 GDP 缺口进行相应调整。

自从泰勒规则提出以来，不少研究对其进行了扩展，这些扩展仍然假定中央银行的最终目标是将产出和通货膨胀稳定在目标路径之上，实现这一目标的政策工具仍然是短期利率，扩展后得到的规则被称为"准泰勒规则"（Taylor-type Rules）。扩展主要是在具体的参数设定（如时机、权重、平滑）和测度方法等方面采用不同的方法：（1）通货膨胀和产出缺口的测度。常见的通货膨胀测度指标有 CPI、核心 CPI、GDP 缩减指数和预期通货膨胀等。（2）时机选择。泰勒规则使用的是同期的产出缺口和前四季度的通货膨胀缺口，有些研究选择更多的滞后项，有些研究却选择包含对未来的预期项。（3）泰勒规则没有考虑利率平滑问题，而实践中央行对利率的调整并非一步到位，而是在一段时期内通过多次小幅调整而逐步使利率达到目标水平。

（二）通货膨胀的目标规则与工具规则

目标化规则的定义由 Svensson（1999）率先提出，他假定中央银行通过最小化特定的损失函数来进行政策操作，进入中央银行损失函数的变量就是目标变量，目标规则是对目标最优货币政策规则理论及应用研究变量之间某种关系的承诺。具体来说，先设定一个政策制定者损失函数，即将通货膨胀钉住制度特征通过一个二次损失函数表示出来；然后在一个表示货币政策传导机制的 DSGE 模型的约束下，通过动态化问题的一阶条件得到关于政策工具的最优解，即内生的最优利率反应函数。因此，目标规则完全由货币当局的损失函数、描述利率传导机制的 DSGE 模型决定。

Svensson（1999）把通货膨胀目标制度解释为一种灵活的通货膨胀目标规则：中央银行主要关注通货膨胀的稳定，同时也关注产出的稳定，在保证通货膨胀目标得以实现的同时尽力使产出稳定在其潜在水平附近。和泰勒规则相比，通货膨胀目标规则有如下两个优点：（1）泰勒规则只是假定中央银行依照一个给定的反馈方程行事。通货膨胀目标规则的最优化假定与 Barro 和 Gordon（1983）等传统的货币政策分析相一致，更符合宏观经济理论追求微观基础的基本方向。

（2）在通货膨胀目标规则下，中央银行利用的信息量远大于泰勒规则下的信息量，这和实践中中央银行重视搜集和利用各方面的信息是一致的。

但由于目标设定规则是建立在特定模型基础上的，从技术层面讲，通货膨胀目标制并没有给央行提供一个明确的操作指导，而是要求央行利用经济的结构模型和自身判断，以及所有它认为相关的信息，来实现价格稳定的目标。因此央行往往更加倾向于简单的工具规则，这遭到了一些经济学家的批评和质疑。但在货币政策分析中，有关简单工具规则和目标规则哪个更好的问题至今未能达成统一的共识，因为这不仅需要规范论证，更加需要实证的检验。

三 不确定性对货币政策的影响

在研究最优货币政策规则的选择时，经济模型被当作主要的技术手段。但经济模型通常是对复杂的真实经济环境的简化，它强调某种特定的关系而忽略其他的结构关系，这势必会导致货币政策在制定和实施中存在不确定性因素的干扰问题。这些不确定性因素大致可以分为三类：一是数据的不确定性或不完全性。主要源于数据的生成过程误差、数据的统计误差以及不可观测数据的估计误差（例如产出缺口和冲击并不能被货币当局直接观察到）。二是模型和参数的不确定性。模型不确定性产生的根本原因有可能是缺乏对真实经济状况的了解，从而造成模型误设；也可能是经济系统已经发生了变化，而模型并未做出相应调整。即使在模型结构正确的前提下，它的参数估计也存在着计量上的估计误差，即参数不确定性。三是各种冲击的不确定性。不确定性的客观存在促使研究者从不同角度采取各种方法来描述不确定性下稳健的货币政策规则，近年来相关研究主要集中在参数不确定性和模型不确定性上，本部分也主要从这两个方面介绍货币政策理论和实践的进展情况。

（一）参数的不确定性

早在 1967 年，Brainard 利用贝叶斯方法，首次研究了货币政策传导机制中政策乘数不确定性对最优政策规则的影响，并得出了

"Brainard 保守性原则"，即货币当局在面临模型真实参数不确定性时应采取谨慎的货币政策。此后 Blinder（1998），Mishkin（1998）等对他的研究进行了改进，并将其用于研究后顾性模型参数不确定性下的最优政策，大多数研究结果表明，最优货币政策应该在面临参数不确定性时变得谨慎。然而，Brainard（1967）分析的是随机参数外生情形下参数不确定性对最优政策的影响。Wieland（1998）认为，央行可能在短期内追求一种能够产生富含信息数据的政策来达到长期更有效的货币政策。因此，参数的方差和协方差是内生而非外生的，最优货币政策的响应应该是在确定性等价和谨慎货币政策之间的妥协。而Onatski 和 Williams（2003）发现，若政策制定者对经济结构参数数值不确定的话，他制定的货币政策对通货膨胀和产出缺口波动的反应将会是积极的，这与 Brainard（1967）的观点相反。综上所述，最优货币政策研究结果对于参数不确定性的类型和采用的研究方法（主要包括各种统计方法）非常敏感，因此，产生的结论和政策建议也并不一致。Giannoni（2006）则对参数不确定性下的稳健政策规则进行如下定义：在一个特定的参数配置下，能够在最坏参数配置下表现最好的最优政策规则就是稳健的最优政策规则。如果参数配置变得糟糕的话，可以通过设计稳健的规则来避免货币政策的糟糕表现，从而保证在一定范围内的模型中产生可以令人接受的货币政策效果。

（二）模型的不确定性

为了应对模型本身具有不确定性的问题，经济学家已经在最近的研究中提出了一些有效的解决方法。这些方法都强调一点，即必须提出可以强有力地应对模型多方面缺陷的政策规则。解决方法之一是提出一种在一定模型范围内发挥良好作用的政策规则，即使这一规则并非对任何模型而言都是最优的。在探索这种方法的过程中，Levin 和Williams（2003）对模型不确定性下的最优货币政策规则进行了详细的讨论并得出以下结论：（1）在存在模型结构参数不确定性的情况下，简单货币政策规则具有较好的稳健性；（2）由于劳动力市场在模型中具有非常重要的作用，最优简单货币政策规则对有关工资黏性假设的稳定性不是很好；（3）根据后顾性模型设计的最优政策规则比根据预期模型设计的最优政策规则更加具有约束力。与此同时，带有 Markov 过程的非线性计量方法（Markov jump-linear-quadratic，简称 MJLQ 方法）逐渐被应用到货币政策的研究中。它通过假定模型不确定性服从一个 Markov 过程来研究稳健最优政策规则，其优点在于可以把许多模型结构不确定性（例如价格或工资设定的不同形式）合并到一起，从而为大量配置不同的模型不确定性制定最优货币政策提供了参考意见。Svensson 和 Williams（2005）利用 MJLQ 方法，通过扩展的线性—均方形式来研究模型的不确定性，并利用美国数据分别考察了带有区制转移变量的后顾性模型和前瞻性新凯恩斯模型，提出了在不确定性条件下设计最优政策规则的一般方法。这种方法能够同时解决数据、系数和模型不确定性问题。但是，他们的方法需要每日对不同模型进行概率分布评估并用过渡矩阵描述这些概率如何随时间而变化。而且无法解决 Knight 不确定性问题。

小　结

现代货币经济学的发展为经济问题的研究提供了新的框架和视角，但是迄今为止，在货币经济学领域的研究仍算不上十分成熟，主要原因是经济学家们尚不能在主要结论上达成一致。这些分歧既可能是由分析工具方面的重大局限造成的，也可能与模型本身的构建方式有关，以致看上去同样合理的模型会产生截然不同的结论。因此，有必要对不同学派的理论成果和分歧进行概括和总结，以起到正本清源的作用。本章系统地介绍了建立在现代货币经济学微观基础上的理论扩展。第一节的灵活价格模型保留了第一代模型中关于价格自由浮动、名义工资和价格能够灵活调整的假设，通过引入不完全信息和有限参与的方法来解释货币冲击对经济的真实效应。第二节中加入名义刚性的模型目前是研究货币冲击通过实际利率传导影响经济的主流发展方向，它强调名义黏性在转变货币冲击影响经济方面所起的作用。其中解释名义黏性来源的理论主要有菜单成本理论和错叠合同理论。本章着重介绍了后者，并对采取错叠价格设定假设的新凯恩斯主义一般均衡框架及其修正做了综述。第三节简要地介绍了信贷市场不完美在一般均衡框架下放大货币冲击对经济影响方面的理论发展。第四节从货币政策规则设计、传导机制和不确定性影响三个方面对货币政策理论及实践研究所获得的新进展做出了综述。

第五章　货币冲击与中国经济波动

近年来，国内学者应用 DSGE 模型对中国经济进行研究取得了一定的进展，陈昆亭（2004）、黄赜琳（2005）、胡永刚（2007）、陈师（2009）等基于变形的 RBC 模型，用技术冲击解释了中国经济波动的主要部分。李春吉（2006）和许伟（2009）则在货币政策对经济波动的影响方面进行了有益探索。但上述研究多是围绕产出波动展开的，对中国货币经济波动的研究尚不充分，且结论上存在着较大差异。许伟（2009）在模型中假设中国货币当局推行名义利率调整规则。但结合金融危机前 1993—2008 年的货币实践可以发现，此种货币政策规则对中国经济并不适用。中国人民银行多次大幅调整利率对经济的影响十分有限，对产出波动和通货膨胀的调整更多地依赖直接的信贷控制，即调整名义货币供给的增长。

本章在收集金融危机前（1993—2008）16 年宏观经济数据的基础上，应用 DSGE 方法对中国货币冲击与经济波动的关系进行了分析。在假定货币政策通过调整货币供给增长实施的前提下，通过实证分析和模型模拟，本章一方面检验了新凯恩斯主义理论对中国实际经济的解释力和适应性；另一方面以货币政策为出发点，重点研究了货币冲击及相关变量与其他宏观经济变量之间的相关关系及货币冲击后经济变量反应的动态路径，并对货币政策变量与经济波动间的关系进行了总结，为当前进一步抵御危机，促进经济增长的宏观政策选择提供了事实基础。

第一节 基本模型

本章的基本建模思想源于 Chari，Kehoe 和 McGrattan（2000），修正之处在于：（1）通过引入 Christiano，Eichenbaum 和 Evan（2001）的资本调整方程对原模型进行了扩展；（2）按照 King（1998）的方法引入了劳动增进型技术进步；（3）根据中国的货币实践，假定货币当局通过设定名义货币供给轨迹来执行货币政策。

一 家庭

假定经济体中有大量相同的无限期生存（infinite horizon）的家庭（representative household），时间是离散的，以脚标标示为：$t = 0$，1，2，$\cdots$，假设企业没有自有资本，只能从家庭租借资本。在 t 期，家庭 i 向每个中间产品生产厂商 j 以名义资本租赁率 R_t^k 提供资本 $K_t(j)$，家庭对 $K_t(j)$ 的选择满足 $K_t = \int_0^1 K_t(j)\,dj$。在 t 期，家庭以一般价格水平 P_t 从最终商品厂商处购买商品用于消费 C_t 和投资 I_t，为将复合商品转化为生产资本，令 φ_k 表示资本调整成本参数，家庭必须支付的调整成本为：$AC_t^k = \dfrac{\varphi_k}{2}\left(\dfrac{I_t}{K_{t-1}}\right)^2 I_t$，则产出和消费、投资的关系可以表示为：

$$Y_t = C_t + I_t\left[1 + \frac{\varphi_k}{2}\left(\frac{I_t}{K_{t-1}}\right)^2\right] \tag{5.1}$$

令 δ 表示资本折旧，资本积累方程可以表示为：

$$I_t = K_t - (1 - \delta)K_{t-1} \tag{5.2}$$

为引入货币，本模型采用 MIU 效用函数。根据模型基本设定，家庭的偏好涉及三个因素：消费 C_t、实际货币余额 M_t/P_t，以及闲暇 H_t。在第 t 期初家庭的财富水平由如下几项构成：（1）上期余留下来的货币存量 M_{t-1}；（2）劳动所获得的工资收入 $W_t l_t(i)$，其中 $l_t(i)$ 表示家庭在 t 期提供的劳动供给量；（3）持有的一期债券以及

获得的利息 $R_{t-1}^b B_{t-1}$，其中 B_{t-1} 表示 t 期家庭拥有的债券的名义值，$R_{t-1}^b = (1 + i_{t-1})$，$i_t$ 表示 t 期的名义利率；（4）租赁的资本品价值及产生的租赁利息 $R_t^k K_{t-1}$，其中 R_t^k 表示 t 期名义资本租赁利率；（5）政府转移支付 T_t；（6）从厂商手中收到的企业分红 Π_t。以 P_t 表示 t 期的一般价格水平，家庭面对跨期预算约束的实际价值可表示为：

$$C_t + \frac{M_t}{P_t} + \frac{B_t}{P_t} + I_t \left[1 + \frac{\varphi_k}{2} \left(\frac{I_t}{K_{t-1}} \right)^2 \right] \leqslant \frac{M_{t-1}}{P_t} + R_{t-1}^b \frac{B_{t-1}}{P_t} +$$

$$R_t^k \frac{K_{t-1}}{P_t} + \frac{W_t}{P_t} l_t(i) + \frac{\Pi_t}{P_t} + \frac{T_t}{P_t} \tag{5.3}$$

典型家庭的问题即为在给定时间约束条件 $l_t(i) + H_t \leqslant 1$，资本积累方程和跨期预算约束的条件下，最大化效用的预期折现值为：

$$\text{Max } E \left[\sum_{t=0}^{\infty} \beta^t U \left(C_t, \frac{M_t}{P_t}, H_t \right) \right]$$

其中，$0 < \beta < 1$ 为主观贴现率，假定拥有实际余额的效用来源于货币所提供的交易服务。效用函数 U 为两次连续可微的凹函数。为了在下文对模型进行数值求解，假设效用函数形式为：

$$U_t = \frac{1}{1 - \sigma_1} \left[C_t^{\sigma_2} + b \left(M_t / P_t \right)^{\sigma_2} \right]^{\chi(1 - \sigma_1)/\sigma_2} \left(1 - l_t(i) \right)^{\psi(1 - \sigma_1)}$$

$$\tag{5.4}$$

其中，σ_1 为相对风险规避系数；σ_2 表示货币和消费的跨期替代弹性；b 表示实际货币的相对份额，此处将消费所占的份额标准化为 1；χ 表示消费品和实际货币余额对效用的贡献率；ψ 表示闲暇对效用的贡献率。令 Λ_t 为 Lagrange 乘子，家庭最大化欧拉条件方程组为：

$$\chi = \Lambda_t C_t^{1-\sigma_2} \left[C_t^{\sigma_2} + b \left(M_t / P_t \right)^{\sigma_2} \right] \tag{5.5}$$

$$\chi b \left(M_t / P_t \right)^{\sigma_2 - 1} = \left(\Lambda_t - \beta E_t \Lambda_{t+1} \frac{P_t}{P_{t+1}} \right) \left(C_t^{\sigma_2} + b \left(M_t / P_t \right)^{\sigma_2} \right) \tag{5.6}$$

$$\frac{\Lambda_t}{P_t} = \beta R_t^b E_t \left(\frac{\Lambda_{t+1}}{P_{t+1}} \right) \tag{5.7}$$

$$\Lambda_t \left[1 + \frac{3\varphi_k}{2} \left(\frac{I_t}{K_{t-1}} \right)^2 \right] = \beta E_t \Lambda_{t+1} \left[\frac{R_{t+1}^k}{P_{t+1}} + 1 - \delta \right] +$$

$$\beta\varphi_k E_t \Lambda_{t+1}\left(\frac{I_{t+1}}{K_t}\right)^3 - \frac{3\beta(1-\delta)}{2}\varphi_k E_t \Lambda_{t+1}\left(\frac{I_{t+1}}{K_t}\right)^2 \tag{5.8}$$

由式（5.6）和式（5.7）可以得到：

$$bm_t^{\sigma_2-1} = \left(1 - \frac{1}{r_t^b}\right)c_t^{\sigma_2-1} \tag{5.9}$$

二 代表性最终产品生产厂商

假设在经济体中存在一个生产最终产品的代表性厂商，他生产的复合商品 Y_t 可用于消费和投资。中间产品生产厂商生产的中间产品 $Y_t(j)$ 分布在一个大小等于 1 的连续区间上，而最终产品生产厂商通过用 Dixit-Stiglitz 加总技术，这些中间产品组合成为复合商品。该复合商品的定义如下：$Y_t = \left\{\int_0^1 \left[Y_t(j)\right]^{\frac{\theta_p-1}{\theta_p}}dj\right\}^{\frac{\theta_p}{\theta_p-1}}$。其中，$\theta_p$ 表示不同商品之间的替代弹性；θ_p 越低表明不同商品之间的可替代性也越低，中间产品生产厂商的垄断力量越大。同样，差别商品的价格加总即为总价格水平，其定义如下：$P_t = \left\{\int_0^1 \left[P_t(j)\right]^{1-\theta_P}dj\right\}^{\frac{1}{1-\theta_P}}$。

在 t 时期，代表性最终产品生产厂商会选择中间品数量 $Y_t(j)$ 来最大化自己的利润：

$$\max\left\{P_t\left[\int_0^1 Y_t(j)^{\frac{\theta_p-1}{\theta_p}}dj\right]^{\frac{\theta_p}{\theta_p-1}} - \int_0^1 P_t(j)Y_t(j)dj\right\}$$

$$\text{s. t. } Y_t \leq \left\{\int_0^1 \left[Y_t(j)\right]^{\frac{\theta_p-1}{\theta_p}}dj\right\}^{\frac{\theta_p}{\theta_p-1}}$$

令 φ_t 代表关于该约束的拉格朗日乘数，那么关于第 j 种商品需求 $Y_t(j)$ 的一阶条件为：$P_t(j) - \varphi_t\left\{\int_0^1 \left[Y_t(j)\right]^{\frac{\theta_p-1}{\theta_p}}dj\right\}^{\frac{1}{\theta_p-1}}\left[Y_t(j)\right]^{-\frac{1}{\theta_p}} = 0$。根据复合商品的定义，可以得出对商品 $Y_t(j)$ 的需求函数为：$Y_t(j) = \left[\frac{P_t(j)}{P_t}\right]^{-\theta_p}Y_t$。

三 中间产品生产厂商

假设中间产品生产厂商是垄断竞争企业，这些厂商分布在一个大小等于 1 的连续区间上，即有：$j \in [0,1]$，具有规模收益不变，凹生产技术和相同的垄断力量。企业 j 可被视为商品 j 市场上的价格设定者。企业 j 要使利润最大化，受到三方面的约束。第一个约束是生产函数：

$$Y_t(j) = A_t K_{t-1}(j)^\alpha (n_t L_t(j))^{1-\alpha} \qquad (5.10)$$

其中 $K_{t-1}(j)$ 是第 j 个企业所使用的资本量；$L_t(j)$ 是第 j 个企业所使用的劳动量；A_t 表示总体生产率扰动，假设 A_t 服从对数一阶自回归［AR（1）］过程：

$$\log A_t = \rho_a \log A_{t-1} + \varepsilon_{A,t} \qquad (5.11)$$

其中 $\varepsilon_{A,t}$ 是一个均值为 0，方差为 σ_{ε_a} 的白噪声过程，n_t 表示劳动增进型技术进步率。

对中间产品生产厂商 j 的第二个约束是中间产品生产厂商面对的需求函数。第三个约束是厂商不能每期都调整价格，这将在下面的错叠价格设定中做具体讨论。在分析厂商的定价决策之前，首先考虑即在给定工资水平 W_t 和资本租赁率 R_t^k 的情况下，其成本最小化问题，这一问题可以表示为：

$$\min_{K_T(j), L_t(j)} W_t Lt(j) + R_t^k K_{t-1}(j)$$
$$\text{s. t. } Y_t(j) \leq A_t K_{t-1}(j)^\alpha (n_t L_t(j))^{1-\alpha}$$

建立 Lagrangian 函数，令 λ_t 为 Lagrange 乘子，中间产品生产厂商的最大化欧拉条件方程组为：

$$W_t = (1-\alpha) A_t n_t \lambda_t(j) K_{t-1}(j)^\alpha (n_t L_t(j))^{1-\alpha} \qquad (5.12)$$

$$R_t^k = \alpha A_t \lambda_t(j) K_{t-1}(j)^{\alpha-1} (n_t L_t(j))^{1-\alpha} \qquad (5.13)$$

总成本函数为 $TC(W_t, R_t^k, Y_t(j)) = W_t Lt(j) + R_t^k K_{t-1}(j)$，对 $Y_t(j)$ 求导，得到边际成本函数：

$$MC_t(j) = [\alpha^\alpha (1-\alpha)^{1-\alpha}]^{-1} (R_t^k)^\alpha W_t^{1-\alpha}/A_t \qquad (5.14)$$

假设生产函数规模收益不变，成本最小化一阶条件说明每个企业的边际成本相等，也就是 $MC_t(j) = MC_t$，这意味着对任意 $j \in [0,1]$，都有 $\dfrac{L_t(j)}{K_{t-1}(j)} = \dfrac{L_t}{K_{t-1}}$。企业 j 的名义利润可以写为：

$$\Pi_t(j) = (P_t(j) - MC_t)\left[\frac{P_t(j)}{P_t}\right]^{-\theta_p} Y_t \tag{5.15}$$

真实工资水平可以表示为：

$$\frac{W_t}{P_t} = \frac{(1-\alpha)MC_t}{L_t} Y_t \tag{5.16}$$

真实资本回报率可以表示为：

$$\frac{R_t^k}{P_t} = \frac{\alpha MC_t}{K_{t-1}} Y_t \tag{5.17}$$

四 错叠价格设定

假设中间产品市场是垄断竞争的，经济中存在价格黏性。假定黏性主要源于垄断竞争企业错叠的价格制定，并引入 Calvo（1983）的方法来设定企业的价格决策：厂商试图在给定贴现率 β 的情况下，通过最大化利润的当前贴现值来制定自己的价格。在每一期里，可以调整价格的厂商是随机抽取的，所有厂商中仅有比例为 $1-\omega_p$ 的部分可以重新调整价格，而其余比例为 ω_p 的厂商不能重新调价，仅仅把以前制定的价格乘上一个平均通胀率 π。参数 ω_p 是反映价格黏性程度的指标，ω_p 越大，每期可以调整价格的厂商就越少，价格调整的预期间隔就越长。当厂商在 t 时期和某个未来 $t+s$ 时期之间没有机会调整价格时，$t+s$ 时期的利润才会受到 t 时期价格选择的影响，出现这种情况的概率为 ω_p^s。令 $Y_{t,t+k}(j)$ 是厂商在 t 期设定价格时所预测的 $t+k$ 期的需求。$P_{t,t+k}(j)$ 是在 t 期设定的 $t+k$ 期价格，厂商的定价决策问题就是要选择 $\tilde{P}_t$，使下列式子最大化：

$$E_t\left\{\sum_{k=0}^{\infty}\omega_p^k\beta^k\Lambda_{t+k}[P_{t,t+k}Y_{t,t+k} - TC_{t+k}]\right\}$$

Λ_{t+k} 表示在 $t+k$ 期家庭额外收入的边际效用。利用总成本的定义和商品需求函数的定义，t 时期调整价格的厂商所选择的最优价格 $\tilde{P}_t$ 的一阶条件为：

$$\tilde{P}_t = \frac{\theta_p}{\theta_p-1}\frac{E_t\sum_{k=0}^{\infty}\omega_p^k\beta^k\Lambda_{t+k}P_{t+k}^{\theta_p}Y_{t,t+k}MC_{t+k}}{E_t\sum_{k=0}^{\infty}\omega_p^k\beta^k\pi^k\Lambda_{t+k}P_{t+k}^{\theta_p}Y_{t,t+k}}$$

当价格具有黏性（ $\omega_p > 0$ ）时， t 时期复合商品的总体价格水平应该满足如下条件：

$$P_t^{1-\theta_p} = \omega_p \pi^{1-\theta_p} P_{t-1}^{1-\theta_p} + (1-\omega_p)\tilde{P}_t^{1-\theta_p}$$

令 $\tilde{p}_t = \tilde{P}_t/P_t$ ，对企业价格设定的一阶条件在稳态附近进行对数线性化，可以得到：

$$\hat{\tilde{p}}_t = E_t\big[\hat{mc}_t + \sum_{s=1}^{\infty}\beta^s\omega_p^s(\hat{mc}_{t+s} - \hat{mc}_{t+s-1}) + \sum_{s=1}^{\infty}\beta^s\omega_p^s\hat{\pi}_{t+s}\big]$$

由复合商品的总体价格水平加总方程和对数线性化方程，可得到新凯恩斯菲利普斯曲线方程：

$$\hat{\pi}_t = \beta E_t\hat{\pi}_{t+1} + \tilde{k}\hat{mc}_t \tag{5.18}$$

五　货币政策

假设政府以转移支付形式发行货币，即有： $M_t - M_{t-1} = T_t$ 。假设货币按照如下规则供给：

$$M_t = (1+\xi_t)M_{t-1} \tag{5.19}$$

其中 ξ_t 为名义货币存量的增长率，在稳态时，有 $\bar{\xi}=0$ ，由于政府在确定货币供应量时不完全是适应性的，而是会考虑国民经济的实际情况，假设：

$$\hat{\xi}_{t+1} = g_1 E_t\hat{y}_{t+1} + g_2 E_t\hat{\pi}_{t+1} + \hat{\varepsilon}_{t+1}^m \tag{5.20}$$

其中， $E_t\hat{y}_{t+1}$ 是预期的产出缺口； g_1 是对产出缺口的弹性； $E_t\hat{\pi}_{t+1}$ 是预期的通货膨胀偏差； $\hat{\varepsilon}_{t+1}^m$ 是货币供应量增长率的扰动，假设它服从一阶自回归［AR（1）］过程：

$$\hat{\varepsilon}_{t+1}^m = g_3\hat{\varepsilon}_t^m + e_t^m \tag{5.21}$$

其中， e_t^m 是均值为0，方差为 σ_m 的白噪声过程， g_3 是货币供应增长率扰动的一阶自回归系数。我们认为，该货币供给方程与中国货币管理的规则相符，中国货币供给量变动从长期看基本上是一个平均货币供给增长率加上对经济运行的判断和上期货币供给实现量，这有利于货币供应量的稳定。

第二节　模型求解

一　定义一般均衡

接下来考察模型的一般均衡结果。首先，定义一般均衡问题的解，使用 King 等的方法，将变量写为人均的形式，令 $c_t = C_t/n_t$，$y_t = Y_t/n_t$，$i_t = I_t/n_t$，$k_t = K_t/n_t$，$m_t = M_t/P_tn_t$，$w_t = W_t/P_tn_t$，$d_t = \Pi_t/P_tn_t$，$r_t^k = R_t^k/P_t$，$\lambda_t = n_t\Lambda_t$，$l_t = L_t$，$r_t^b = R_t^b$，并令 $n = n_{t+1}/n_t$，这里仅考虑对称均衡，即每个中间品厂商都做同样的决定，因此有：$y_t(j) = y_t$，$P_t(j) = P_t$，$d_t(j) = d_t$，对于所有的 $j \in [0,1]$，且 $t = 0,1,2,\cdots$，模型的一般均衡解被定义成为一组随机过程（$c_t, y_t, i_t, m_t, l_t, w_t, r_t^k, d_t, \pi_t, r_t^b, k_t, \lambda_t, mc_t, a_t, \xi_t$），它们使得：

1. 最终商品市场出清，即生产等于家庭的消费和投资需求。即有：

$$Y_t = C_t + I_t \left[1 + \frac{\varphi_k}{2} \left(\frac{I_t}{K_t} \right)^2 \right] \tag{5.22}$$

2. 资本租赁市场在中间产品生产企业对资本的需求等于家庭资本供给时出清，劳动力市场在企业的劳动需求等于家庭设定的工资基础上劳动供给时出清。

3. 消费者和企业家福利得到最大化。

在定义好了均衡后，我们得到 15 个非线性方程的动态系统。在此基础上，根据 Uhlig 的方法对系统进行数值近似模拟和参数校准（求解过程和方法见附录 A）。

二　模型校准

模型参数确定采取校准法（calibration），即根据历史和各相关学科分支的研究来确定。模型的参数主要包括三类：第一类是结构性参数，如相对风险规避系数 σ_1 等，我们在相关文献的基础上对其加以校准；第二类是与外生冲击变量有关的参数，包括各种冲击的自回归系数和冲击标准差，考虑到经济周期的完整性和数据的可比性，我们根据中国 1993—2004 年的数据对其进行校准;[①] 第三类是变量稳态值,我们在现实数据的基础上对其进行校准(校准具体依据见附录 A)。模型中所涉及的主要参数取值列在表 5.1 中。

表 5.1　　　　　　　　中国经济参数的校准结果

参数		取值	参数		取值
α	资本产出弹性	0.503	g_2	货币政策参数	0.0027
ρ_a	技术冲击系数	0.72	g_3	货币政策参数	0.838
ε_a	技术冲击标准差	0.018	e_t^m	货币冲击标准差	0.024
ψ	闲暇对效用的贡献率	1.05	π	稳态通货膨胀率	1.03
σ_1	相对风险规避参数	1	a	劳动增进型技术进步稳态值	1
σ_2	货币需求弹性	−3	χ	消费品和货币余额对效用的贡献率	1
b	实际现金相对份额	0.3	β	主观贴现率	0.99
g_1	货币政策参数	0.2196	δ	季度折旧率	0.025

α 代表资本产出弹性,本章拟根据黄赜琳(2005)的估计,采用 $\alpha = 0.503$,与陈昆亭等(2004)设定的 0.5 相接近。ρ_a 代表技术冲击的一阶自回归系数,ε_a 为其标准差,庄佳强(2004)的估计为 0.72 和 0.018,黄赜琳(2005)的估计为 0.727 和 0.025,许伟(2009)的估计为 0.78 和 0.02,在这里本章取庄佳强(2004)的估值 0.72 和 0.018。国外文献研究的劳动指标一般指的是工时数,即人们一天参与劳动的时间。在 Hansen(1985)不可分劳动模型中,假设所有的人都参与劳动,并把一天的时间正规化为 1,则均衡时的工时数取值为 1/3。以此为依据,在模型求解的过程中通过不断地调整 ψ 的值,使稳态的 l 的值等于 1/3,即相当于一天工作 8 小时,结果为 1.05。在宏观经济及公共财政的应用中,往往将风险规避参数

---

① 中国生产法计算的 GDP 数据虽然从 1993 年起有了季度数据。但是由于在 2005 年根据第一次全国经济普查调整了数据,使得季度数据在 2004 年出现了断点。为保证结果的可比性,将数据分为 1993—2004 年与 2005—2008 年两组。

σ_1 的基准值设定为 1—4 之间（在对数效用下）（Lucas，2003），根据黄赜琳（2005）的估计，居民跨期消费替代弹性接近于 1，本章也采取 $\sigma_1 = 1$ 的设定。货币政策中包含四个参数：根据江日初（2008）对中国 1995—2006 年货币增长规则的检验结果，将 g_1 设定为 0. 2196，将 g_2 设定为 0. 0027，$g_3 = 0. 8380$，政策冲击方差 $e_t^m = 0. 024$。根据中国的货币政策实践，我们设定稳态通货膨胀率 $\pi = 1. 03$。

a 为劳动增进型技术进步的稳态值，对均衡只有水平效应而没有其他影响，通常简单地取值为 1（陈昆亭，2004），为简化起见，消费品和货币余额对效用的贡献率 χ 取值为 1。由于本章关注的主要问题并非是人口增长所造成的外生性增长，在分析中可令人口增长率 $n = 1$ 来做简化。

β 为家庭部门的主观贴现率，相关文献一般取家庭户的年度主观贴现率为 0. 96，从而我们选择季度的主观贴现率 β 为 0. 99。δ 代表季度折旧率，国外一般取值为 0. 025，按照陈昆亭等（2004）的数据试验，年度折旧率为 0. 0973，这相当于季度折旧率近似为 0. 025，这也与国外季度数据背景下的折旧率水平一致。令价格替代弹性 $\theta_p = 6$，使得在错叠价格下价格的加成为 20%。

在国外货币需求利率弹性的经验研究中，σ_2 的取值一般在 −2 左右，我们采用 Chari（2000）的方法来得到 σ_2 的值，对代表性家庭货币需求函数式（5. 9）两边取对数得到：

$$\log b + (\sigma_2 - 1)\log m_t = \log\left(1 - \frac{1}{r_t^b}\right) + (\sigma_2 - 1)\log c_t$$

整理后得到：

$$\log m_t = \log c_t + \frac{1}{(\sigma_2 - 1)}\log\left(1 - \frac{1}{r_t^b}\right) - \frac{1}{(\sigma_2 - 1)}\log b$$

使用 1993—2004 年相关季度数据对上式进行回归，得到：

$$\log m_t = 0. 8282 + 1. 4420 \times \log c_t - 0. 2499\log\left(1 - \frac{1}{r_t^b}\right)$$

$$(4. 4573) \qquad (26. 466) \qquad (-3. 8158)$$

通过计算可以得到 $\sigma_2 = -3$。经过校准，我们选择实际货币的相对份额 b 的值为 0.3，以更好地模拟实际数据中真实现金余额和真实货币余额的关系。

第三节　基于中国经济的模型模拟分析

表 5.2 列出了 1993—2008 年中国主要经济变量的波动标准差、相对标准差的实际数据和模拟数据结果。表 5.3 和表 5.4 分别列出根据实际数据和模拟数据计算的 1993—2004 年中国主要经济变量与GDP 的交叉相关系数及与 M_2 增长率的同期相关系数。其中数据频度用季度数据，真实货币余额采取 M_2 作为近似。产出采用国民生产总值（GDP）作为近似，消费采用全社会商品零售额总额作为近似，投资采用社会总投资额作为近似，所有数据均指用物价指数折算后的实际数据。物价指数采取按月公布消费者价格指数（CPI），以 1993年第一季度为 100，根据各月同比和环比数据计算，再用移动平均法将之转化为季度数据。所有数据用 X–12 方法进行季节调整且取自然对数，并用 HP 滤子进行剔除趋势处理。

表 5.2　　　　　　模型的模拟结果与中国实际经济指标的比较

变量	模型		实际经济 （1993—2004）		实际经济 （2005—2008）	
	标准差	与产出的 相对标准差	标准差	与产出的 相对标准差	标准差	与产出的 相对标准差
产出	0.0226	1.00	0.0201	1.00	0.0174	1.00
消费	0.0081	0.358	0.0207	1.030	0.0268	1.540
总投资	0.0647	2.863	0.0700	3.43	0.0290	1.667
就业	0.0239	1.058	0.0277	1.378	0.0035	0.201
通货膨胀	0.0309	1.3678	0.0298	1.483	0.0183	1.052
真实货币余额	0.0287	1.270	0.0235	1.169	0.0153	0.879

资料来源：《中国经济信息网数据统计库》《中国人民银行统计季报》《中国经济景气统计月报》。

根据表 5.2 和表 5.3 可将中国 1993—2008 年经济周期波动中的典型事实总结如下：

1. 在 20 世纪 90 年代中国经济实行软着陆后，经济波动趋于平缓，2004 年以来波动幅度出现较明显的降低趋势，表明经济运行的平稳性有了很大提高。但中国经济周期持续性不高。从表 5.3 可以看出，中国的实际 GDP 的持续性不超过 0.2，而 King 和 Rebelo（1999）在研究美国数据时发现，大多数变量在剔除了趋势后，其一阶自相关系数均在 0.8 左右，说明中国经济周期的可预见性低于发达国家。

表 5.3　　　　实际中国经济数据的交叉相关系数（1993—2004）

变量	与产出的横向相关系数 corr [x (t + k), y (t)]							与名义 M₂ 增长率的同期相关系数
	t − 3	t − 2	t − 1	t	t + 1	t + 2	t + 3	
产出	− 0.07	− 0.49	0.13	1.00	0.13	− 0.49	− 0.07	0.31
消费	0.04	− 0.56	− 0.16	0.44	0.09	− 0.37	− 0.03	− 0.13
总投资	0.20	0.07	0.02	0.46	0.20	− 0.15	− 0.17	0.17
就业	0.23	0.17	0.17	0.16	0.16	0.02	− 0.03	− 0.10
通货膨胀率	0.19	0.20	0.27	0.27	0.07	− 0.04	0.02	0.34
真实货币余额	− 0.19	− 0.20	− 0.28	− 0.31	− 0.13	0.08	0.09	− 0.07

2. 投资、消费波动都呈顺周期性，且投资波动总是大于消费。这与大部分国家经济的研究结论一致。但投资、消费的波动均大于产出波动，尤其是消费波动大于产出波动的事实与一些发达国家的情况相反，但与大部分发展中国家的经济周期波动特征一致。[①]

[①]　此结论与陈昆亭、黄赜琳、胡永刚、陈师等的研究结果相一致。胡永刚关于国外学术界对这一现象归纳了三种解释：一是 Aguiar 和 Gopinath 认为，许多新兴市场经济国家的增长趋势波动通常大于发达国家；二是新兴市场经济国家的信用体系相对落后，流动性约束使行为人不能完全按照效用最大化原则平滑各期消费；三是 Emre 和 Kumar 认为，政府的财政政策加大了居民的消费波动。

3. 从业人数的波动在两组数据中的波动差别较大，在1993—2004年间其波动接近产出波动，而在2005—2008年间其波动只有产出波动的1/5左右，总体而言，就业基本上是弱顺周期或非周期的。①

4. 通货膨胀率为顺周期变量，且领先产出增长，说明在中国存在着产出与通货膨胀的菲利普斯曲线关系，即高通货膨胀与高产出水平相伴随，通货膨胀率水平对实际产出波动具有一定的先行拉动作用。

5. 真实货币余额为逆周期的变量，且滞后于真实产出半年增长。这一事实说明货币并非中国经济波动的根源，而实际产出对于货币供给具有一定的反馈作用。通过考察各经济变量与M_2增长率的同期相关系数可以发现，M_2增长率与产出呈现顺周期，但与投资、消费等实际经济变量呈现弱相关关系，说明中国货币政策的实际效力有限，但货币供给量对通货膨胀的影响显著。

对比表5.2、表5.3和表5.4可以发现：（1）对于变量与产出的同期相关系数，模拟值显示出和实际值完全相同的波动方向。（2）除消费和就业外，② 其他变量波动标准差与产出波动标准差的模拟比值和实际数据亦基本一致。总体而言，模型对现实数据有较强的解释力。

囿于篇幅和行文主旨，下面我们将根据上文的结果，结合脉冲响应分析重点考察货币冲击对中国经济的影响。货币随机冲击的演化路径由模型中关于货币政策有关运行规则的等式刻画。图5.1表示了模型中实际变量在黏性价格设定下对于货币政策冲击的反应。

---

① 两组数据差别较大的原因可能在于劳动就业时间序列数据在1998年第四季度存在结构断点，劳动就业数据存在结构断点部分归因于1998年前后大量的下岗职工数量。

② 中国特定的社会经济制度和隐性失业的存在使得中国就业人数变动表现得与产量增减无关（胡永刚），因而从新凯恩斯模型得到的与产量高度相关的劳动投入与中国实际有一定的差距。

表 5.4　　　　　　　　　模拟经济变量的交叉相关系数

变量	与产出的横向相关系数 corr $[x(t+k), y(t)]$							与名义 M_2 增长率的同期相关系数
	$t-3$	$t-2$	$t-1$	t	$t+1$	$t+2$	$t+3$	
产出	−0.19	−0.10	0.08	1.00	0.08	−0.10	−0.19	0.28
消费	−0.23	−0.24	−0.13	0.65	0.55	0.35	0.10	0.45
总投资	−0.16	−0.05	0.13	0.97	−0.07	−0.22	−0.25	0.21
就业	−0.10	0.08	0.18	0.68	−0.11	−0.10	−0.26	0.77
通货膨胀率	−0.16	0.06	0.07	0.30	−0.10	0.07	−0.18	0.58
真实货币余额	−0.01	−0.09	−0.14	−0.31	−0.10	−0.11	0.07	−0.90

图 5.1 中显示的正的货币冲击使实际产出在当期上升后开始下降，在两年以内回到稳态水平附近，体现了货币冲击对于产出不具有长期效应。投资当期大幅度上升后迅速回落，然后逐步回升到稳态水平。消费当期增加，三个季度（即 3/4 年）后下降，然后缓慢回落到稳态水平。就业在当期增加后，在一年左右时间里回到稳态水平。真实货币余额需求在当期下降后逐步回升到稳态水平。随着货币冲击的发生，通货膨胀在当期大幅上升，一个季度后下降（即 1/4 年），通货膨胀的变动与模型假定企业价格调整间隔时期为一个季度是一致的。四个季度后，所有企业均重新设定了价格，于是通胀水平很快开始下降，并逐渐回到初始水平。从脉冲响应函数的图中可以看出，货币供应量正向冲击所导致的投资波动最为剧烈，通货膨胀的波动幅度次之。上面的统计量在某种程度上符合了对中国实际经济的观察，即"投资高峰、经济增长高峰、物价上涨高峰"并存现象的存在。与其他宏观变量相比，消费的波动并不明显，说明货币冲击对消费的影响有限，货币政策对中国经济波动的主要影响体现在投资增加所带来的供给上升和通货膨胀波动上。结合模拟结果，本章对 1993 年以来中国货币经济的特征总结如下：

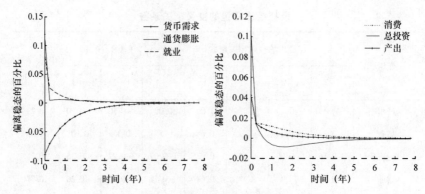

图 5.1 货币政策的脉冲响应

首先,真实货币余额的反周期性体现了中国货币当局货币政策逆周期操作和通货膨胀率顺周期性的综合效应。由于居民储蓄存款(M2 的主要部分)的增加是居民收入增长的结果,是国民经济(GDP)增长的结果。真实货币余额(M2)的滞后增长也意味着 GDP 增长是 M2 增长的原因,M2 具有一定的内生性。

其次,货币增长率顺周期性和与实际变量间的弱相关性说明中国的货币政策对实体经济有效但效果有限,这是由于中国利率管制严格、资本市场和货币市场发展缓慢以及固定汇率制度导致的。考察货币冲击与通货膨胀的关系可以发现,中国货币供给当中出现的名义需求扩张,相当部分由价格调整抵消了,并没有形成一定程度的数量调整,导致积极货币政策的扩张效果微弱。

再次,通货膨胀的顺周期性和领先增长表明中国经济周期在很大程度上存在着总需求拉动的特性。价格水平的变化促进了产出波动性的形成,在产出波动性中,价格水平变化所代表的名义波动成分起到了重要的作用。这也进一步表明货币政策对实体经济的刺激作用是存在的。通货膨胀受货币供给量的影响较为明显,这说明在短期和中期里,物价波动主要是由货币供应量波动所引起的。

最后,正向货币政策对实体经济的主要影响体现在投资增加所带来的供给上升上,对消费需求的刺激有限,表明货币供给对投资作用效力更大,投资对货币供给变化更为敏感,而消费对货币供给的反应相对于投资来说则较为平淡。消费与名义 M_2 增长率的负相关关系在一定程度上反映了近年来中国居民消费倾向持续下降的事实。[①] 说明经济中存在着大量与消费关联度不高的投资，而且，在货币供给一定的前提下，投资率不断上升及投资过热所造成的资产价格膨胀和通货膨胀，部分挤占了消费。

分析结果表明，货币量变动对中国消费的影响有限，使用扩张货币政策能刺激消费的效果可能也不会太大。同时，货币的过度供应可能会导致过度投资和投机性投资，进一步挤占消费。因此在扩大内需方面，应更倚重积极的财政政策：在投资和政府购买方面，既要确保数量更要注重效率，重点应放在控制局部投资过热，支持有利于调结构、扩消费和增就业的项目上；消费方面既要扩大总量，又要提高边际消费倾向，要提高居民的可支配收入，并进一步完善社保体系。货币政策则须妥善解决好"微调"与"适度宽松"之间的关系。根据本章的模型及估计结果，在使用货币政策调控经济的过程中，数量型工具应担当主角。考虑到中国正处于经济转型过程中，出于为企业经营营造良好的金融环境以及避免经济过度波动的需要，利率调整不宜过急和幅度过大。同时，数量型工具收缩也必须审慎合理，否则会严重制约经济的增长。具体而言，货币供给一方面要在为刺激经济的政策提供流动性保障的基础上优化信贷结构；另一方面要高度关注通货膨胀，通过市场操作、法定存款准备金率等工具加强流动性管理，保证物价水平的稳定。须指出的是，由于 M_2 具有一定的内生性，降低了其作为中介目标的可控性，为了确保货币政策的有效性，中央银行除了监测货币供应量外，还要对实体经济、金融市场等的运行状况和资产价格的变化情况进行监测。

小　结

本章致力于考察现代货币经济学的基本分析框架对于中国实际经

[①]　根据国家统计局发布的数据，中国居民消费率下降明显，从 1978 年的 48.8% 已下降到 2008 年 35.3%。

济的适用性和解释力。基于金融危机爆发前期 1993—2008 年的季度
数据，本章在一个包含 Calvo 价格黏性的新凯恩斯主义模型中，讨论
了中国货币冲击与经济增长的关系。在假定货币政策通过调整货币供
给增长实施的前提下，本章根据模型模拟和实际数据的对比以及脉冲
响应函数分析得出以下结论：（1）货币并非中国经济波动的根源，
实际产出对货币供给具有一定的反馈作用。（2）通货膨胀的顺周期
性和领先增长表明，中国经济周期存在着总需求拉动的特性。物价波
动在中短期内主要由货币供应量波动引起。（3）货币政策对实体经
济有效但效果有限，货币供给变动对投资的作用效力更大，对消费需
求的刺激则有限。

第六章 经济转型时期的资本调整成本、技术冲击与扩张性货币政策效果

资本调整成本是动态宏观经济学中广为采用的一个假设，它在投资理论中的研究也由来已久。[①] 资本调整成本在当前主流的宏观分析框架 DSGE 模型中扮演着重要的角色。相关的研究包括：（1）在开放经济模型中资本调整成本被用于解释储蓄投资相关性以及本国偏误（Baxter and Crucini，1993）。（2）资本调整成本被用于直观地解释存在资本的生产经济中的股权溢价之谜现象（Jermann，1998；Boldrin，Christiano，and Fisher，2001）。（3）资本调整成本的存在令经济周期波动所导致的大量福利损失进一步合理化（Barlevy，2004）。（4）在最近的研究中，资本调整成本被作为一个关键因素用来解释信息冲击何以成为经济周期的重要驱动力量之一（Beaudry and Portier，2007；Jaimovich and Rebelo，2009）。但国外对资本调整成本的研究多是在市场体系发育成熟、市场配置资源机制完善的条件下，从微观与宏观的角度，找寻资本调整成本影响投资的动态机制，并由此影响宏观经济的动态变化，对转轨经济中资本调整成本的作用较少涉及。而国内目前对资本调整成本影响的研究则呈现出宏微观分离的状态，微观层面的分析往往从企业或中观产业层面探析资本调整成本的来源和大小（鄢萍，2012），或是探讨资本调整成本对微观企业投资

[①] 关于资本调整成本的早期研究见 Gould（1968），Lucas（1967，1969），Uzawa（1969）等人的著述，Caballero（1999）对其进行了较为详尽的综述，此处不再赘述。

行为的影响，如张伟（2006）结合中国经济的现实认为，厂商对宏观经济的过高预期所引致的非理性过度投资会产生大量的沉淀成本和调整成本。何青（2006）认为，由于存在着较大的资本存量调整成本，干预投资的经济政策对中国企业的投资行为在长期内会发生调节作用，但在短期内的作用非常有限。连玉君（2008）发现，资本调整成本的存在使公司只有在现金持有水平超过某一门槛值时才会增加投资支出。刘康兵（2012）则认为，资本调整成本的存在使厂商往往通过调整营运资本投资水平来保持一个稳态的固定资本投资路径。相关的宏观分析则多借鉴 Christiano（2005），Ireland（2003）等人的框架，简单地将资本调整成本作为一种可以增强模型说服力的因素引入 DSGE 模型，进行中国经济波动和货币政策、财政政策运行的探讨（李春吉，2009；王文甫，2010；汪川，2011），但都未结合中国经济转型时期资本市场摩擦的突出特征，进一步探讨资本调整成本变动对整个经济发展进程的制约和对宏观政策效力的影响。

　　相对于国外市场配置资源机制完善的投资环境而言，中国投资由于是在市场体制发育不成熟，市场配置资源机制不完善，多种机制配置资源的条件下进行的，带有明显的转轨经济特点。具体而言，（1）中国经济表现出突出的"投资拉动"的经济增长方式。在 21 世纪的第一个 10 年内，投资对中国 GDP 增长的贡献率将近 50%，但随着投资比率的不断提高，投资效率明显降低。[①]（2）经济转型的特殊时期决定了中国经济结构调整的系统性和复杂性，政府主导或政府推动的投资所占比例过大，对经济中的整体、长期资本存量的形成和资本存量调整产生了不容忽视的影响；而在经济增长方式和发展方式转变的过程中，源于资源配置和结构升级的大量摩擦，使得企业在增减其资本存量时的资本调整成本进一步增大。（3）经济增长中高投资、低消费的结构失衡问题突出，扩张性货币政策在扩大投资的同时却难以有效地提振消费需求（王君斌，2011）。

[①]　尤其是在第一个 10 年的最后阶段，由于应对金融危机的需要、持续的城市化进程以及高端产业产能建设因素的影响，投资贡献率进一步增大（IMF，2012）。

基于中国经济结构和投资体制特征，本章采用实证分析和理论研究有机统一的逻辑框架，从资本调整成本的视角，探讨了经济转型时期资本市场摩擦加剧对中国技术进步型增长方式和积极货币政策调控效力的影响。具体而言，首先，基于 1999—2008 年全部国有及规模以上工业企业的微观数据，实证分析了中国经济中资本调整成本的来源、大小和影响；其次，建立引入资本调整成本和数量型货币政策等中国现实经济特征的动态新凯恩斯模型，通过模型模拟结果与中国近 20 年（1993—2011 年）宏观经济运行特征做对照，进一步验证资本调整成本因素对宏观经济运行的重要影响，并对其作用机理进行剖析。基于后危机时期经济转型加速和新一轮投资的快速增长，本章通过对投资、科技活动等宏观数据的分析，对经济转型时期资本调整成本的变动趋势进行了研判，并在此基础上进行了模型模拟和脉冲响应函数分析。研究结果显示，以资本调整成本增大为特征的经济转型时期资本市场摩擦加剧会弱化技术进步的影响，对于扩张性货币政策效力的制约则更为显著。

第一节 资本调整成本的经验事实分析

资本调整成本作为资本市场多种不完美性的表现之一，使得投资中的资本和劳动在应对经济变化时，其调整不再是无成本的，如企业在购置新的设备后，需要对其进行安装，培训工人并重新组织生产过程，由此产生的资本调整成本强度将直接影响企业面临经济冲击时变更其最优资本水平的反应速度，进而影响其短期利润和长期投资，对经济短期波动和长期增长都产生了重要影响。资本调整成本和影响在现实中不易被直接观测到，但是可以通过研究企业的动态行为而观察到。Griliches 和 Hausman（1986）指出，当存在很高的资本调整成本时，厂商只会根据预期到的持久产出水平调整对劳动的需求，而几乎不会对产出水平的任何暂时波动做出反应。Wurgler（2000）也认为，投资弹性反映了资本调整成本因素，而这些资本调整成本可能来源于技术、政治（行业进入障碍）、代理成本（投资过度或不足）等市场摩擦。具体而言，企业在增加或是减少固定资产时不仅需要考虑当期支付的成本，还需要考虑资本调整行为对未来企业的经营可能带来的影响。如果企业的投资无资本调整成本或者资本调整成本微小到可以忽略不计，那么企业的固定资产投资会随着利润和生产率的变化而进行及时的调整：如果企业预期到利润率增加或者是生产率提升，企业必然会进行投资、扩大生产规模，获得更多的利润。反之，企业则会缩减投资或变卖资产、缩小生产规模。在资本调整成本较低时，公司投资更敏感于投资机会，但当资本调整成本较为显著时，企业的投资行为往往并不能根据利润率和生产率的变化而及时做出调整。

一　模型设定

基于上述思想，本部分假定工业利润率和生产率变动反映了投资机会；基于国家统计局收集的中国工业企业数据库中 1999—2008 年全部国有及规模以上工业企业的年度数据，对企业固定资产投资行为对于利润变动和生产率发展的敏感性进行了测算。假定行业的投资和固定资产满足如下的资本累计公式：

$$K_t = (1 - \delta)K_{t-1} + I_t \tag{6.1}$$

其中，年度折旧率 δ 在大量文献中取值为 0.1，我们也取 δ 为 0.1。通过固定资产 K_t 的年度数据，可以计算得到当年的投资量 I_t。则投资率为：

$$i_t = I_t/K_t$$

利润增长率由利润总额的年度增长率表示。固定资产投资增长率由 I_t 的年度增长率表示。本章使用 Slow（1957）等人提出的全要素生产率（Total Factor Productivity）概念衡量企业的生产率，用全要素生产率的增长率来衡量技术进步速率，对于全要素生产率的估算我们采用的是非参数法（涂正革，2006），即使用投入要素的收入份额计算所有投入要素的加权平均增长率，则全要素生产率的增长率为：

$$T\dot{F}P = \dot{y} - \sum_j S_j \dot{x}_j \tag{6.2}$$

其中，$\dot{y}$ 表示产出的增长率，产出用以工业品出厂价格指数剔除价格因素的工业增加值来表示；$\dot{x_j}$ 表示要素增长率，固定资产投资的增长率为：

$$\dot{k} = (k_t - k_{t-1})/k_{t-1}$$

劳动力的增长率为：

$$\dot{l} = (l_t - l_{t-1})/l_{t-1}$$

S_j 是要素 j 的成本在要素总成本中的份额，用劳动与资本的行业平均费用份额表示，且 $\sum_j S_j = 1$。总成本包括劳动成本和资本成本，劳动成本通过应付工资总额、应付福利总额和劳动保险支出加总得到，固定资本成本则包括利息支出和当年折旧两个方面。对于计算过程中的缺失数据，我们用插值法得到。

二 实证及结果分析

根据国民经济行业分类标准，工业行业分为采矿业，制造业，电力、热力、燃气及水生产和供应业（公用事业）三类，共 39 个具体行业。基于工业行业中制造业所占比重较大，传统行业数量多于新兴行业数量，为综合考虑整个工业行业的发展情况和经营类型，囿于行文的主旨以及文章篇幅的限制，我们根据行业类型占比选取 10 个代表性行业进行产业层面资本调整成本的研究。其中，包括采矿业 2 个：煤炭开采和洗选业（06），石油和天然气开采业（07）；制造业 6 个：农副食品加工业行业（13），纺织业（17），化学原料和化学制品制造业（26），铁路、船舶、航空航天和其他运输设备制造业（37），计算机、通信和其他电子设备制造业（39），仪器仪表制造业（40）；公用事业 2 个：电力、热力生产和供应业（44），水的生产和供应业（46）。另外，根据七大新兴产业的标准（节能环保、新兴信息产业、生物产业、新能源、新能源汽车、高端装备制造业和新材料），我们选取的新兴行业有 4 个：化学原料和化学制品制造业（26），铁路、船舶、航空航天和其他运输设备制造业（37），计算机、通信和其他电子设备制造业（39），仪器仪表制造业（40），以及传统行业6个。

表6.1 行业的统计性描述

行业代码	固定资产投资率与产品销售利润率的格兰杰因果关系检验		固定资产投资增长率与利润增长率的格兰杰因果关系检验		固定资产投资增长率与全要素生产率增长率的格兰杰因果关系检验		2008年国有及控股企业产值比重（%）
	相关系数	是否有因果关系	相关系数	是否有因果关系	相关系数	是否有因果关系	
06	0.779	无	0.683	无	-0.310	无	59.11
07	0.467	正向相关	0.214	无	-0.352	反向相关	96.11
13	0.829	无	-0.317	反向相关	-0.181	无	5.49
17	0.228	无	0.374	无	0.028	正向相关	3.14
26	0.294	反向相关	-0.263	无	-0.418	无	23.03
37	-0.075	无	0.024	无	-0.181	无	44.82
39	-0.364	互为因果	0.961	无	0.960	互为因果	8.79
40	-0.503	无	0.964	无	0.948	无	9.93
44	-0.370	无	-0.041	无	-0.370	无	91.62
46	0.229	无	-0.540	无	-0.722	无	68.25

注：采集的数据包含整个行业层面的固定资产合计、产品销售收入、产品销售利润、利润总额、工业增加值、固定资产净值年平均余额、从业人员数量、劳动与资本的行业平均费用份额、应付工资总额、应付福利总额、劳动保险支出、利息支出和当年折旧、工业品出厂价格指数的年度数据。利润率用产品销售利润除以产品销售收入得到。固定资产投资率用投资额除以固定资产合计得到，全要素生产率通过非参数法（涂正革，2006）计算得到。利用Eviews 5.0进行格兰杰因果检验（滞后2阶）和相关性检验。数据类型为年度数据。

表6.1给出了10个行业固定资产投资率与销售利润率，以及固定资产投资增长率与利润增长率和全要素生产率增长率之间的格兰杰因果关系检验表。数据分析结果表明，10个行业中有7个行业的固

定资产投资率与销售利润率没有因果关系；有 9 个行业的固定资产投资增长率与利润增长率之间没有因果关系；10 个行业的全要素生产率的增长率与固定资产投资增长率的相关系数大都为负，基本上都不存在因果关系。整体而言，中国经济中行业投资与利润之间不敏感，生产率提升没有带来投资的进一步增加。表 6.1 同时给出了行业的国有及控股企业产值比重值，经考察发现，股权结构差异[①]并不能对上述投资的行为进行解释。这意味着经济中存在普遍的、系统的摩擦性因素，这些因素所构成的资本调整成本阻滞了投资对生产率变动和利率变动的敏感反应。[②]

结合行业特点进一步考察表 6.1，我们发现，传统行业 06、07，新兴行业 26、37、40、44、46 均属于重化工业。一方面，由于以装置型为主的重化工企业（主要是原材料企业）的行业特点决定其产品供给的弹性相对较低，产能的增加需要大量的资本投入。与此同时，由于资产专用性较强，产业退出壁垒较高，其投资调整需要大量的成本。另一方面，入世后的国内需求结构不断调整升级和国际竞争日益激烈，要求类似于 13、17 的传统制造业进一步向制造业更复杂的部门以及产业链的更高环节转型升级，这一过程并非一蹴而就，期间涉及的工业技术路线转换过程要求各行业持续加大技术创新和人力资本投资的力度（金碚，2011），必然导致其资本调整成本阶段性的大幅上升。

---

① 股权结构差异所导致的投资偏好和融资约束差异也会对企业投资的行为产生影响。
② 此外，从直观上讲，较高的资本调整成本的存在将直接引致预期资本回报率水平的上升，资本的变化需要一个较高程度的回报收益来弥补机会成本和损失。而大量关于中国资本回报率的研究也指出，中国的资本回报率已处于相当高的水平。世界银行 2006 年 5 月发布的《中国经济季报》认为，中国国有企业的净资产回报率自 1998 年的 2% 增长到 2005 年的 12.7%，非国有企业同期也从 7.4% 上升到 16%。持类似观点的包括宋国青等（2007）、白重恩等（2007）的相关研究；北京大学中国经济研究中心（CCER）2007 年发布的《中国资本回报率：事实、原因和政策含义》研究报告也显示，中国资本总回报率从 1998 年的 6.1% 上升到 2005 年的 19.6%，平均每年上升两个百分点。这些宏观层面的研究数据都说明，中国的投资回报率在 1998—2008 年处于一个相对较高的水平，这从侧面对资本调整成本的存在和影响提供了佐证。

第二节　DSGE 模型的设定与模拟

产业层面的经验分析揭示了资本调整成本在中国企业投资中占据着不容忽视的地位，同时其变动体现出独特的中国特色。由于投资在中国经济的长期增长和短期波动中都起着至关重要的作用，企业投资对利率的敏感性又形成了货币政策调控的重要微观基础，本部分在新凯恩斯模型中引入了既影响当期的投资行为又影响未来资本存量的资本调整成本，结合数量型货币政策等中国现实经济特征，基于中国近 20 年（1993—2011 年）主要宏观经济数据对模型参数进行了校准和计算。通过模型模拟结果与中国宏观经济运行特征的对照，一方面对中国投资的运行特点进行提炼，为前述的经验事实进一步提供佐证；另一方面，通过比较不同强度的资本调整成本被引入后的模型模拟结果，进一步探讨资本调整成本对于模型解释宏观经济波动能力的重要影响，并对其影响经济冲击传导机制的相关机理进行分析。

一　模型设定

假设一个完全竞争和市场出清的封闭经济系统内有三个部门：家庭、企业和政府货币供给部门。其中企业部门分为两类：一类是生产中间产品的中间产品生产厂商；另一类是生产最终产品的最终产品生产厂商。下面我们分析这三个部门的经济行为。

（一）家庭部门

假定经济中有大量同质的无限期生存（infinite horizon）的代表性家庭（representative household），时间是离散的，以脚标表示为：$t = 0$，1，2，…，假设企业没有自有资本，只能从家庭租借资本。在 t 期初，家庭 j 拥有 1 单位的闲暇及 $t-1$ 期末留存的资本 k_{jt-1} 与货币 M_{jt-1}，向每个中间产品生产商提供 k_{jt} 单位的资本和 h_{jt} 单位的劳动，单位资本资金为 r_t，劳动工资为 w_t，家庭对 k_{jt} 的选择满足 $K_t = \int_0^1 k_{jt} dj$。在 t

期，家庭用他们获得的收入进行消费 c_{jt}，并且以名义价格 p_t 购买投资品进行投资，t 时期的投资总额为 i_{jt}，令 δ 表示资本折旧率，则家庭 j 的资本积累方程可以表示为：

$$k_{jt+1} = (1 - \delta)k_{jt} + i_{jt} \tag{6.3}$$

假定这种跨期资本存量的调整存在成本，根据 Cogley 和 Nason（1995）的研究，资本的调整成本（CAC_t）形式如下：

$$CAC_{jt} = \frac{\varphi_k}{2} \frac{i_{jt}^2}{k_{jt}} \tag{6.4}$$

φ_k 是资本调整成本的结构性参数，且 $\varphi_k > 0$。在这种设定下，调整成本是对 i_{jt} 二次连续可微且严格上升的凸函数。当 i_{jt} 增加时，CAC_j 增加，所以短期内逐步调节是最优选择。这同时也意味着资本形成过程中投资报酬的递减，即部分投资损失掉而未能形成生产性资本。

对于资本的调整成本函数的凸性设定，现有文献给出了如下几种解释：（1）安装新的资本需要耗费时间，而且包含沉没成本、运输时滞以及学习培训过程（Cooper and Haltiwanger，2006）。（2）资本具有生产专用性，这使得投资具有不可逆性或者是部分不可逆的（亦即存在再次出售的成本），投资的不可逆性使得资本存量的向下调整存在成本。

为引入货币，本模型采用 MIU 的效用函数。根据模型的基本设定，家庭 j 的偏好涉及三个因素：消费 c_{jt}、实际货币余额 M_{jt}/p_t，以及闲暇：$1/F - h_t$。在 t 期末，家庭的财富水平由如下几项构成：（1）上期余留的货币存量 M_{jt-1}；（2）劳动所获得的工资收入 $w_t h_{jt}$；（3）租赁的资本品价值及产生的租赁利息 $r_t k_{jt}$；（4）政府转移支付 T_{jt}；（5）从厂商手中收到的企业分红 Pro_{jt}。以 P_t 表示 t 期的一般价格水平，家庭在 t 期面临的跨期预算约束的实际价值可表示为：

$$c_{jt} + i_{jt} + \frac{M_{jt}}{P_t} + \frac{\varphi_k}{2} \frac{i_{jt}^2}{k_{jt}} \leq r_t k_{jt} + w_t h_{jt} + \frac{M_{jt-1} + T_{jt} + Pro_{jt}}{P_t} \tag{6.5}$$

典型家庭的问题即为在给定时间约束条件 $l_t(i) + H_t \leq 1$，资本积累方程和跨期预算约束的条件下，最大化效用的预期折现值为：

$$\mathrm{Max}E\Big[\sum_{t=0}^{\infty}\beta^{t}U_{j}\big(c_{jt},\frac{M_{jt}}{p_{t}},h_{jt}\big)\Big] \tag{6.6}$$

其中，$0<\beta<1$ 为主观贴现率。假定拥有实际余额的效用来源于货币所提供的交易服务，效用函数 U 为两次连续可微的凹函数。为了在下文对模型进行数值求解，假设效用函数为相对风险厌恶不变（CRRA）的形式：

$$u_{jt} = u(c_{jt}, M_{jt}/p_t, h_{jt}) = \frac{\gamma}{\gamma-1}\log\big[c_{jt}^{\frac{\gamma-1}{\gamma}} +$$

$$b_{t}^{\frac{1}{\gamma}}(M_{jt}/p_{t})^{\frac{\gamma-1}{\gamma}}\big] + \eta\log(1-h_{jt}) \tag{6.7}$$

其中，γ 是消费（持币）的风险偏好系数；η 是劳动的风险偏好系数；b_t 是 t 时期的持币偏好（Kim，2000），b_t 可以被描述成同质家庭对货币偏好的冲击作用因素，这种冲击作用因素遵循以下的自相关关系：

$$\log(b_t) = (1-\rho_b)\log b + \rho_b\log(b_{t-1}) + \xi_{b_t} \tag{6.8}$$

其中 $\rho_b \in (0,1)$ 是 b_t 的自相关系数；b 是持币偏好的稳态水平；ξ_{b_t} 是无法预测的影响持币偏好变化的随机因素，是一个期望为 0，标准差为 σ_b 的白噪声过程。

（二）厂商部门

1. 最终产品生产商

假设经济体中存在一个生产最终产品的代表性厂商，它生产的复合商品 y_t 可用于消费和投资。中间产品生产厂商生产的中间产品 y_{jt} 分布在一个大小等于 1 的连续区间上，而最终产品生产厂商通过 Dixit-Stiglitz 加总技术，将中间产品组合成为复合商品。该复合商品的定义如下：

$$y_t \leqslant \Big(\int_0^1 y_{jt}^{\frac{\theta-1}{\theta}} dj\Big)^{\frac{\theta}{\theta-1}}, \theta > 1 \tag{6.9}$$

其中，θ 表示不同商品之间的替代弹性，θ 越低，表明不同商品之间的可替代性也越低，中间产品生产厂商的垄断力量越大。在 t 时期，代表性最终产品生产厂商会选择中间产品数量 y_{jt} 来最大化自己的利润：

$$\max_{y_{jt}}\Big[p_t\Big(\int_0^1 y_{jt}^{\frac{\theta-1}{\theta}} dj\Big)^{\frac{\theta}{\theta-1}} - \int_0^1 p_{jt}y_{jt} dj\Big] \tag{6.10}$$

2. 中间产品生产厂商

假设中间产品生产厂商是垄断竞争企业，这些厂商分布在一个大小等于 1 的连续区间上，即有：$j \in [0, 1]$，具有规模收益不变，凹生产技术和相同的垄断力量。企业 j 可被视为商品市场上的价格设定者。企业 j 要使利润最大化，受到三方面的约束。第一个约束是生产函数：

$$y_{jt} \leq A_t k_{jt}{}^{\alpha} h_{jt}^{1-\alpha}, \alpha \in (0,1) \tag{6.11}$$

其中，k_{jt} 是企业 j 所使用的资本量；h_{jt} 是企业 j 所使用的劳动量；A_t 表示总体生产率扰动，假设 A_t 服从于对数一阶自回归（AR（1））过程：

$$\log A_t = (1 - \rho_A)\log A + \rho_A \log(A_{t-1}) + \xi_{A_t} \tag{6.12}$$

其中，$\rho_A \in (-1,1)$，是技术因素的自相关序列；A 是技术的初始水平；ξ_{A_t} 是一个均值为 0，方差为 σ_{ε_a} 的白噪声过程。

对中间产品生产厂商 j 的第二个约束是中间产品生产厂商面对的需求函数。第三个约束是厂商在跨期生产时，中间产品价格的改变所面临的调整成本，这种调整成本是市场上名义黏性的表现，与市场上最终产品的产量 y_t 有关。由于价格调整成本的存在，厂商会较为缓慢地改变商品的价格。根据 Cogley 和 Nason（1995）的研究，假设价格调整的边际成本与价格调整率呈线性关系，采用如下的二次形式：

$$PAC_{jt} = \frac{\varphi_p}{2}\left(\frac{p_{jt}}{p_{t-1}} - 1\right)^2 y_t \tag{6.13}$$

$\varphi_p \geq 0$ 是价格调整成本参数。在上述约束条件下，中间产品生产厂商 j 的单期（名义）利润函数为：

$$Pro_{jt} = p_{jt} y_{jt} - p_t r_t k_{jt} - p_t w_t h_{jt} - p_t PAC_{jt} \tag{6.14}$$

其效用最大化函数为：

$$\max_{(k_{jt}, h_{jt}, p_{jt})} E_0 \left[\sum_0^\infty \beta^t \psi_t \frac{Pro_{jt}}{p_t}\right] \tag{6.15}$$

其中，ψ_t 指代 1 单位的实际财富在 t 时期可带来的单位效用。

3. 货币当局

由于现实中存在着利率管制，中国人民银行更多采用的是数量型货币政策（中国人民银行货币政策分析小组，2005；刘斌，2008）。
因此本模型设定货币当局以货币供应量为调控工具。假设政府以转移
支付形式发行货币，即有：

$$M_t - M_{t-1} = T_t \tag{6.16}$$

假设货币按照如下规则供给：

$$u_t = \frac{M_t}{M_{t-1}} = \frac{m_t p_t}{m_{t-1} p_{t-1}}$$

其中，μ_t 为名义货币存量的增长率，在稳态时，有 $\bar{\mu} = 0$，大多
数研究文献认为，中国的货币规则形式遵循泰勒规则或是麦卡勒姆规
则形式，货币政策项与产出缺口、通货膨胀缺口和政策滞后项相
关。[①] 本章据此设定中国货币政策规则如下：

$$u_t = \rho_u u_{t-1} + \rho_\pi (\pi_t - \pi *) + \rho_y (y_t - y *) + \xi_{ut} \tag{6.17}$$

上式描述的货币规则，其实是对泰勒规则形式的货币规则的一种
变形和拓展。其中 $\pi_t - \pi *$、$y_t - y *$ 表示实际通胀和实际产出对稳
态的偏离。ξ_{ut} 为实际货币供给冲击因素，是货币供应量增长率的扰
动，假设它服从一阶自回归过程（AR（1））：

$$\log(\xi_{ut}) = \rho_\xi \log(\xi_{ut-1}) + \xi_{vt} \tag{6.18}$$

二　模型参数的校准

为了考察货币政策冲击对宏观经济的影响，我们采用 Marimon 和
Scott（1999）的方法，通过对数线性化近似的方式，研究经济系统
在外生冲击下围绕其稳态一般均衡（steady - state equilibrium）的波
动（数学推导和稳态均衡条件见附录 B 中的 B2）。对于模型参数的
赋值，本章使用了两种方法：对于结构性参数 $\{\beta, \eta, \gamma, \delta, \theta\}$，我们
采用校准的方法，在已有研究文献基础之上，校准一个合理的值即
可。对于货币规则及外生冲击相关参数 $\{\rho_A, \sigma_A, A, \rho_b, \sigma_b, b, \rho_\xi, \sigma_\xi, \rho_u,$

---

　　① 谢平（2002），刘斌（2003、2008），卞志村（2006），宋玉华、李泽洋（2007），
郑挺国、王霞（2010）等均采用了此假设。

ρ_π, ρ_y 和 α，我们采集中国的实际经济数据进行计算。[①] 对于黏性参数 $\{\varphi_k, \varphi_p\}$，在模拟时，要不断调整它们的取值，使得模拟结果与实际经济相似。

（一）结构参数的校准

对于贴现因子 β，大多数研究都将其校准为 0.99（许伟，2009；李文乐，2011），本章也设定为 0.99。资本折旧率 δ 通常采用的季度值为 0.025，本章亦采用这一设定。消费的风险偏好系数 γ 和劳动风险偏好系数 η，参照 Dib（2001）的研究分别校准为 0.4 和 1.4。产出的 Dixit - Stiglitz 聚合指数 θ 参照许伟（2009）的研究，设定为 6。研究近 20 年的通胀数据可以发现，经济系统在较为稳定的状态下中国的平均通胀为 4%，故稳态的货币增长率 u 设定为 1.04。

（二）冲击相关参数的计算

由于资本存量的数据是无法直接取到的，我们采用永续盘存法（PIM）来估算生产性资本。通过计算出"索罗剩余"得到技术冲击的自相关系数和标准差，分别为：$\rho_A = 0.77$（5.22）；$\sigma_A = 0.013$。校准得到初始稳态的技术水平为：$A = 1$（Ali，2001）（具体过程见附录 B 中的 B2）。

对于货币偏好冲击相关系数，根据 Ireland（1997）和 Kim（2000）的做法估计得到货币偏好冲击的自相关系数和标准差分别为：$\rho_b = 0.74$（6.81）；$\sigma_b = 0.067$。并计算得到货币偏好的稳态水平为：$b = 4.6$（具体过程见附录 B 中的 B3）。

对于货币规则方程相关系数，我们用 X - 12 去季节趋势并经过 HP 滤波后的产出缺口和通胀缺口对货币供给的增长率进行回归，根据回归方程的理想程度筛选出合适的货币供给增长率的滞后项作

[①] 数据的来源：参数的计算采用的数据为季度数据，取自中经网统计数据库和《中国统计年鉴》，时间区间是 1996 年第一季度到 2011 年第三季度。产出指标取 GDP 数据，消费指标取社会消费品零售总额，资本指标取固定资本存量，劳动指标取总人口数据，货币指标取 M_2 数据，市场利率取商业银行同业拆借利率加权平均值。所有的指标用 1996 年第一季度定基 CPI 剔除价格因素。人口数据取自 2011 年《中国统计年鉴》年度数据，用线性插值法进行插值，得到季度数据。

为工具变量，估计得到滞后项系数 $\rho_u = 0.73$，通货膨胀缺口项系数 $\rho_\pi = -0.27$，产出缺口项系数 $\rho_y = -0.91$。回归残差存在滞后 4、6、13 阶自相关和滞后 2 阶偏相关，作为工具变量引入残差的自回归估计方程，估计得到残差项自相关系数为：$\rho_\xi = 0.56$，标准差为：$\sigma_\xi = 0.024$（具体过程见附录 B 中的 B4）。所有参数的取值如表 6.2 所示。

表 6.2　　　　　　　　　　　　参数取值表

参数	β	η	γ	δ	α	θ	A	ρ_A	σ_A
取值	0.99	1.4	0.4	0.025	0.33	6	1	0.77	0.013
参数	b	ρ_h	σ_h	ρ_ξ	σ_ξ	ρ_u	ρ_π	ρ_γ	u
取值	4.6	0.74	0.067	0.56	0.024	0.726	-0.27	-0.91	1.04

第三节　模型评估和传导机制分析

通过模型模拟可以得到各模型中有关变量的标准差，以及有关变量与产出之间的相关系数，其结果见表 6.3、表 6.4。模型模拟结果的对比分析需要回答两个问题：首先，这些模型是否较好地预测了实际经济的周期波动；其次，不同强度的价格黏性和资本调整成本的引入是否可以提高新凯恩斯模型对经济周期波动的解释能力。判断模型预测能力的依据是，模型的模拟结果是否符合中国经济周期波动的特征事实。

一　总量模拟结果分析

改革开放以来，中国经济结构发生了巨大变化，与中国经济改革进程相配套，投资体制也经历了数次波动，无论是在投资主体方面还是在投资结构方面均呈现出较强的时段性特征。这一方面对中国的经济增长模式和经济波动特征造成了影响，另一方面也使资本调整成本的来源和大小形成了差异。在易纲（2003）研究的基础上，结合中国货币政策实施实践，本章将中国 1993—2011 年的经济运行和进程分为 1993—1997 年、1998—2008 年、2008—2011 年三个阶段进行分析。[①] 本章的模型要模拟的是在一个相对稳定的经济系统中的经济运行，因此在对模拟结果进行比较时，本章选取的 1998—2008 年这一时间段的经济为合意的现实经济。表 6.3 给出了 1993—2011 年分段的中国主要实际经济变量的波动标准差、相对标准差与不同程度的市场不完全性情况下模拟结果的比较。表 6.4 给出了 1998—2008 年实际经济变量与产出的交叉相关系数和模拟结果的比较。

表 6.3　　　　　　　模拟经济和现实经济的标准差对比表

	实际			模拟						
	1993—1997	1998—2008	2008—2011	$k=0$ $p=0$	$k=0$ $p=5$	$k=5$ $p=0$	$k=5$ $p=5$	$k=5$ $p=10$	$k=10$ $p=5$	$k=10$ $p=10$
k	0.55	1.01	0.48	7.05	4.58	1.78	1.01	1.39	0.89	0.94
m_1	4.68	2.76	4.42	13.69	9.63	12.53	7.76	4.59	7.50	4.19
h	2.24	2.23	0.82	4.66	2.91	7.62	3.02	2.61	2.94	2.62
c	2.20	1.74	1.67	0.57	5.65	0.1	4.93	5.54	5.26	5.46
y	13.17	1.38	1.01	5.49	2.23	6.57	1.90	1.10	2.04	1.08
i	5.27	5.50	3.86	178.27	113.97	26.69	11.71	14.46	8.38	9.22
pi	5.66	1.74	1.06	8.36	2.56	7.6	3.09	2.37	3.58	2.42

　　对比表 6.3、表 6.4 的模拟结果可以发现，如果不考虑价格调整成本和资本调整成本（或者只是单独考虑价格调整成本或资本调整

---

　　① 易纲（2003）认为，在 1992—1997 年的投资中，国有企业占据着绝对多数的市场份额。投资以国有资本为主导，以国有企业的形式追求其产权权益，呈现出投资事后的费用最大化问题和投资事前的效率损失问题。在 1997 年亚洲金融危机的警醒下，从信贷政策的执行标准来说，企业的投资利润率指标正在变得日益重要，非国有企业持续高速的增长并成为新的投资主体，国有企业比重下降。而 2008 年金融危机之后，又是以国有企业推动为主的投资。货币政策在这一阶段的实施也与改革的进程紧密契合：1998 年，中国首要的货币政策目标是治理通胀；经历 1997 年金融危机之后中国的货币政策趋于稳健；在 2008 年新一轮经济危机背景下，为了推动经济发展，中国的货币政策转向扩张方向。因此在计算实际经济的波动特征时我们按照货币政策的取向进行了分段。

成本）的影响，模拟经济与现实经济难以吻合。将价格调整成本和资本调整成本引入模型，不断调整 φ_k 和 φ_p 的取值，发现投资、消费波动都呈顺周期性，而且投资波动总是大于消费。这与大部分国家经济运行的事实一致。但投资、消费的波动均大于产出波动，尤其是消费波动大于产出波动的事实与一些发达国家的情况相反，但与大部分发展中国家的经济周期波动特征一致。引入价格调整成本和资本调整成本的模型，其整体模拟结果都模拟到了这些特征，说明价格黏性与资本调整成本对中国经济具有非常重要的影响。不同的 φ_k 和 φ_p 取值会对模型产生一定的影响，在 $\varphi_k = 5$ 和 $\varphi_p = 5$ 的情况下，模拟结果与现实经济呈现出最大程度的吻合。

表6.4   与产出的交叉相关系数的实际结果和模拟结果比较表

	实际	模拟						
	1998—2008	$k=0$ $p=0$	$k=0$ $p=5$	$k=5$ $p=0$	$k=5$ $p=5$	$k=5$ $p=10$	$k=10$ $p=5$	$k=10$ $p=10$
k	0.60	0.28	0.45	-0.13	0.03	0.31	0.26	0.25
m_1	0.24	0.56	0.43	0.12	0.12	0.25	0.36	0.20
h	0.55	0.99	0.66	0.99	0.62	0.28	0.61	0.30
c	0.20	0.49	0.99	0.81	0.98	0.98	0.99	0.98
y	1.00	1.00	1.00	1.00	1.00	1.00	1.00	1.00
i	-0.00	-0.49	0.18	-0.81	0.03	0.34	0.03	0.33
pi	0.21	-0.22	-0.07	-0.41	0.06	0.10	-0.11	0.10

就总量模拟结果来看，基于中国数量型货币政策新凯恩斯模型，可以有效地模拟宏观经济波动特征，具有较强的现实解释能力。拓展的泰勒规则形式的货币规则对于中国经济是适用的，更有意义的模型实证结果是，资本调整黏性的引入能够更好地结合价格黏性来刻画现实经济中的经济波动，使得模型在模拟多个经济变量的波动方面更加与现实经济相吻合，而且得到了符合实际的投资动态效应。以上的结果从理论上证明了考虑资本调整成本对分析中国宏观经济运行具有较强的现实意义。

二　资本调整成本对经济冲击传导机制的影响分析

囿于篇幅所限，本部分我们主要从投资动态的角度讨论资本调整成本变动对于经济冲击传导机制的影响。当假设存在资本调整成本时，上述 DSGE 模型的投资一阶条件在进行对数线性化后的形式如下：

$$\hat{i}_t = \hat{k}_t + E_t\left[\frac{1}{\varphi_k}\bar{r}\hat{r}_{t+1} + \left(\frac{\bar{i}^2}{\bar{k}^2} + (1-\delta)\right)(\hat{i}_{t+1} - \hat{k}_{t+1}) + \frac{1}{\beta}\left(\frac{1}{\varphi_k}+\right)(\hat{\lambda}_{t+1} - \hat{\lambda}_t)\right]$$

其中，$\bar{x}$ 表示经济指标 x 的均衡稳态值，$\hat{x}$ 表示经济指标 x 的实际值对其稳态值的偏离；$E_t[\cdot]$ 代表 t 时期的预期；$\hat{\lambda}_t$ 是所投入资本的影子价格（t 时期投资决策的一单位资本 k_{t+1} 的影子价格）；β 是主观贴现因子。由此可见，由于调整资本存量面临成本，投资决策必须是前瞻性的。而当前投资对于资本当前和预期的影子价格变动以及资本租赁成本变动的弹性，是与资本调整成本 φ_k 负相关的。

表 6.5　　　　　　　　　　　投资与产出的相关关系

期数	0	1	2	3	4	5
实际	-0.00	0.10	0.12	0.12	0.18	0.29
模拟	0.03	0.07	0.16	0.16	0.11	0.11

表 6.5 给出了对中国经济的实际模拟结果：一方面，当 $\varphi_k \geqslant 5$ 时，模型得到比较合意的结果，也即资本调整成本 φ_k 的引入，在极大程度上降低了中国投资对于资本的边际生产力（即影子价格）以及资本租赁成本变动的敏感性，较小的反应参数值说明投资调整过程速度慢、幅度小。进一步比较投资与产出的交叉相关系数（如表6.5），可以发现，中国实际经济中的投资是滞后于产出增长的，当期有很大的不动性，明显地滞后于产出的增长，与上述理论推导相吻合，而带有较大程度的资本调整成本（$\varphi_k = 5$）的模型可以很好地模拟这种结果。另一方面，中国长期以来存在的企业投资对利率变动

敏感度低的问题（即利率调控失效问题），也与模型的结论相符。

第四节 基于后危机时期资本调整成本 变动趋势的模型模拟

2008 年，世界经济在危机背景下满目疮痍，中国经济也受到了强烈的冲击。在多重周期因素交织、内外需求下降叠加的背景下，为保证宏观经济的平稳运行，中国在迅速出台扩内需、促增长的一揽子经济刺激计划的同时，加速了经济结构调整和经济增长方式的转变。但宏观政策实施和经济结构变迁在促进产业发展、维持经济增长的过程中也带来了一些问题。首先，经济刺激计划会引起社会投资结构的调整，进而对经济中整体、长期资本存量的形成和资本存量调整造成影响。其次，技术进步和技术替代打破了原有经济的均衡，对产业部门产生较大冲击并引起投资决策的变动进而引起经济波动。本部分拟从资本调整成本变动的角度，通过对 1993—2011 年宏观总量经济数据的分析，考察后危机时期经济结构转型和增长方式转变对中国经济中资本市场摩擦的影响，并基于考察结果进行数值试验，模拟在不同强度的资本调整成本存在的前提下，实施技术进步和扩张性货币政策这两种措施后，模型中主要宏观经济变量的反应，以增强模型分析对当前经济运行的借鉴意义。

一 后危机时期资本调整成本的变动趋势

由于工业企业数据库数据长度的限制，无法对 2008 年以后资本调整成本的变动趋势进行考察。本部分从资本调整成本的来源出发，通过对 1993—2011 年宏观总量经济数据和行业层面数据的分析，探讨资本调整成本的动态变化，并重点对 2008 年金融危机以来，在 4 万亿投资计划和经济结构调整加速的背景下资本调整成本的变动趋势进行研判。

Cooper（2006）认为，资本调整成本的来源分为两大类：一类是内部成本（internal cost），来源于企业的生产本身，如机器设备的购买和安装调试的花费以及引进新设备后需要对工人进行再培训等;另一类调整成本来源于生产外部成本(external cost),包括政府对于购置或者卖出设备的税收或补贴,审批项目中产生的行政和法律成本等。而中国特色的投资特征和转轨时期这一经济发展阶段则进一步从内外两方面增大了企业的资本调整成本:一方面,政府主导型投资由于行政色彩浓郁,导致投资项目规模较大,期限较长且重复建设更加普遍,资产形成后退出障碍更高,在许多情况下,甚至较小的产品或劳务的调整都可能需要显著的调整成本。另一方面,产业升级和增长方式转变的关键在于培育自主技术创新和技术外溢的新增长动力。这要求企业内部加大技术创新和人力资本投资,加强高端制造业和服务业的产能建设,而技术创新,特别是相应的外溢效应的发挥要求外部城市化进程的持续深入。这导致 2008 年金融危机以来中国的宏观经济从以下几个方面对资本调整成本产生了影响。

(一)政府主导的过度投资引发大范围的产能过剩

产能过剩有两种:一是正常市场条件下的竞争性过剩;二是在中国转轨经济体制中、体制缺陷下企业产能投资行为扭曲所导致的产能过剩(耿强,2011)。图 6.1 统计了中国 1993—2011 年按经济类型划分的投资结构数据,国有经济投资的平均占比高达 25% 以上。2008年受金融危机的影响,中国出台了大量政府主导的刺激投资政策,其中主要又以大型的国有投资刺激计划为主,致使 2008—2010 年国有经济投资占比在保持了长达 10 年的下跌趋势后开始迅速上升,特别是 2009 年增幅达到 2.8%。与此同时,产能过剩的负面效应也开始凸显,据工信部公布的统计数据,在中国的 24 个重点工业行业中,2009 年存在严重的产能过剩的部门达到 19 个,相比 2006 年的 10 个将近翻了一番。而在抑制政策不断出台的情况下,2012 年产能过剩的部门进一步扩大到 22 个,在国有经济占据主导地位的钢铁、水泥、煤化工、造船等行业尤为严重。在世界经济形势仍不明朗的情形下,这意味着目前这一轮周期释放的过剩产能难以被快速消化,产能过剩导致的资源分配扭曲,要求各经济主体重新调整自己的经济行为。但由于政府主导型的国有投资进入成本更低,导致此类投资项目的规模更大，期限较长且重复建设更加普遍，退出障碍更高，且与之相关的预算软约束、地方保护问题严重。这意味着资本调整规模更大，成本更高。

（二）基建和房地产投资占比升高导致投资不易变动

自 1993 年以来，城市化进程的推进使得城市基础设施建设规模不断扩大。就本章考察的 1993—2010 年期间的中国经济来看，城镇固定资产投资中的建筑安装工程投资年均占比为 61.5%，年增速在 10% 以上，成为推动投资增长的主要因素。其中因受 2008 年经济危机中政府刺激投资政策的影响，该增速在 2009 年达到近十年来的历史最高水平，为 32.6%。由于以基建和房地产为主的投资项目具有期限长、资金占用率高、不确定性程度高和规模大等特点，其投资调整难度更大，成本更高。

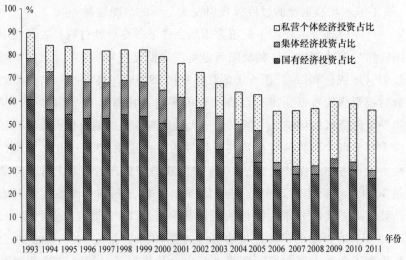

图 6.1　1993—2011 年按经济类型划分的全社会固定资产投资占比情况
资料来源：根据《中国统计年鉴》中相关数据，经计算处理后得到。

为进一步说明我们的观点，表 6.6 给出了 1993—2010 年城镇 50 万元以上施工、投产项目个数以及基本建设施工和新增固定资产的数据统计情况。数据显示，一方面，1993—2010 年，每年的项目建设周期①都长达 1.6—1.8 年。另一方面，从新开工项目个数上看，金融危机后的 2009 年，其增速由正常年份的 1.1 倍左右猛增到 1.3 倍，导致其后未完工程占用率上升到 60% 以上。由于大型和长期的投资计划占据了经济中大量的资金，资本调整缺乏弹性，进一步增加了经济中资本调整的成本。

表 6.6　　　　　　　　　城镇 50 万元以上项目建设情况

	施工项目（个）	新开工项目（个）	全部建成投产项目（个）	未完工程占用率	项目建设周期（年）
1993	90954	–	51886	57.0	1.75
1994	88841	–	49021	55.2	1.81
1995	169163	103305	102115	60.4	1.66
1996	176487	111211	108256	61.3	1.63
1997	156865	98003	95560	60.9	1.64
1998	172011	116513	102572	59.6	1.68
1999	175253	111690	109355	62.4	1.60
2000	170430	113225	103749	60.9	1.64
2001	173950	118725	106021	60.9	1.64
2002	181363	128224	104087	57.4	1.74
2003	203215	148042	109155	53.7	1.86
2004	215440	152363	113145	52.5	1.90
2005	261535	190755	148753	56.9	1.76
2006	283920	203963	162383	57.2	1.75
2007	326204	231531	187525	57.5	1.74
2008	359213	257075	220418	61.4	1.63
2009	451262	339795	288033	63.8	1.57
2010	463608	329321	289585	62.5	1.60

资料来源：相关年份《中国统计年鉴》。"－"表示缺失数据。

---

① 建设周期是从宏观经济的角度反映建设阶段全部建设项目所需要的平均建设时间，是从建设速度方面反映投资宏观效益的重要综合指标。

（三）经济结构转型和增长方式加速转变

在跨越了刘易斯转折点和第一次人口红利消失之后，中国加快转变经济发展方式的一系列转变，最终都要以产业结构升级和优化的方式表现出来。产业升级在有效提高经济潜在增长率的同时，它所要求的新型技术推行和生产路线转换也会加大企业的投资资本调整成本。

产业升级所带来的资本调整成本难于直接度量，但其所包括的新型机器设备的购买和安装调试花费以及引进新设备后需要对工人进行再培训的费用则与企业的技术创新投入及人力资源经济效率呈正相关关系。根据数据的可得性，本章考察了 2000—2010 年中国企业的技术创新和人均 GDP 及人均资本存量的变动情况。从表 6.7 可以看出，有 R&D 活动的企业数由 2002 年到 2010 年增加了 2 倍多；在 R&D 人

表 6.7　　　　　　　　　　　科技活动基本情况

年份	大中型工业企业 R&D 活动情况			全国科技活动资金来源			
	有 R&D 活动的企业数（个）	R&D 人员全时当量（万人年）	R&D 经费内部支出（亿元）	政府资金（亿元）	企业资金（亿元）	政府资金/企业资金	R&D 经费内部支出占 GDP 的比重（%）
2000	6187	32.9	823.7	594.8	1319.5	2.218	1.00
2001	6000	37.9	977.9	656.4	1458.4	2.222	0.95
2002	5836	42.4	1164.1	776.2	1676.7	2.160	1.07
2003	6424	47.8	1467.8	839.3	2053.5	2.445	1.13
2004	6467	43.8	2002.0	958.5	2771.2	2.812	1.23
2005	6775	60.6	2543.3	1213.1	3440.3	2.836	1.34
2006	7838	69.6	1630.2	742.1	2073.7	2.794	1.39
2007	8954	85.8	2112.5	913.5	2611.0	2.858	1.40
2008	10027	101.4	2681.2	1088.9	3311.5	3.041	1.47
2009	12434	115.9	3210.2	1358.3	4162.7	3.065	1.70
2010	12889	137.0	4015.4	1696.3	5063.1	2.985	1.76

资料来源：相关年份的《中国统计年鉴》。

员当时全量和 R&D 经费内部支出方面，2010 年的数值分别为 2000 年的 4 倍和约 5 倍。这些数据直接说明，企业在结构转型过程中在知识资本方面的投入巨大。值得注意的是，2008—2010 年 R&D 经费内部支出占 GDP 的比重分别为 1.47%、1.70%、1.76%，显著高于前面年份的值，且企业资金与政府资金的比例也由危机前的 2.8 倍跃升到危机后的年均 3.0 倍。表 6.8 的分析结果进一步显示，2000—2010 年，全国每劳动人口实际 GDP 与实际资本存量增长了约 4 倍，且金融危机后该比例上升更为显著。上述宏观层面的数据说明了经济结构转型和增长方式加速转变时期企业投资结构的转变以及人力资本投入的增加，从侧面反映了产业结构高级化阶段性地增加了企业的资本调整成本。

表 6.8　　　　　　　　　　人均 GDP 和人均资本存量统计表

	实际国内生产总值（亿元）	就业人数（万人）	每劳动人口国内生产总值（元）	每劳动人口资本存量（元）
2000	99214.55	71150.0	13944.42	21415.37
2001	108892.92	73025.0	14911.73	22561.44
2002	119979.98	73740.0	16270.68	24562.78
2003	133818.81	74432.0	17978.67	27510.74
2004	151606.81	75200.0	20160.48	31820.72
2005	172268.54	75825.0	22719.23	37538.14
2006	198518.39	74978.0	26476.89	45476.69
2007	232769.35	75321.0	30903.65	54185.28
2008	259687.17	75564.0	34366.52	64663.04
2009	283882.98	75828.0	37437.75	79055.41
2010	323423.50	76105.0	42497.01	96091.13

资料来源：相关年份的《中国统计年鉴》。实际国民生产总值以 2000 年为基年。

二　经济冲击实验和政策含义分析

结合第三节的模型评估结果和金融危机后中国经济运行的现实特征，

我们选取对数据拟合程度最好的资本调整成本参数设定作为对照基础进行模型模拟试验。假定价格调整成本系数保持不变，图6.2和图6.3分别给出了资本调整成本参数设定为5、10和20逐步增大情况下的正向技术冲击和扩张性货币政策冲击作用下的投资、产出、消费的脉冲响应图。

（一）技术冲击分析

中国经济发展方式的加快转变最终主要以产业结构升级和优化的方式表现出来，而产业结构升级的核心是全要素生产率（即技术进步）日益成为经济增长的主要源泉。如图6.2所示，在考虑资本调整成本的情况下，一个单位标准差的技术冲击会使得产出和消费立即上升，产出的上升持续了大约四个季度，到偏离稳态0.55%左右，消费的上升持续了大约2—3个季度，到偏离稳态1.43%左右。之后开始逐步回落，在冲击后的第25个季度，产出恢复到稳态附近，而消费的恢复趋势则持续较长，直到冲击后的第30个季度，消费才体现出靠近稳态的趋势。相对于产出和消费对冲击的响应而言，投资的反应出现了一定的迟滞，在冲击作用一个季度以后，开始响应冲击而显现出波动，但其变动幅度最为剧烈，一直提高到第四季度的偏离稳态3.5%的最高点，之后以较快的速度回落，在冲击以后的第13个季度，恢复到稳态附近。

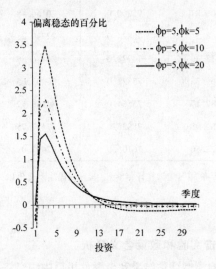

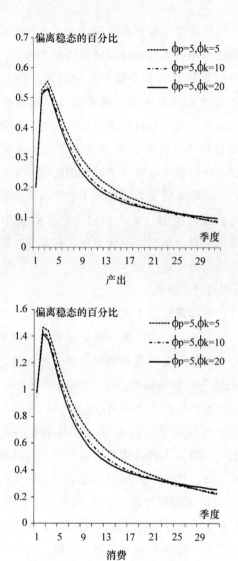

图 6.2　不同资本调整成本下投资、资本存量、产出对
技术冲击的脉冲响应图

通过对不同的资本调整成本参数设定下的模型模拟结果比较可
知，随着资本调整成本的增加，主要宏观经济变量的动态轨迹和运动

方向均没有发生明显改变。但其响应幅度和反应持续期则受到较大的影响。投资响应技术冲击的波动幅度减弱得最为明显。根据前述分析可知，当经济中资本调整成本大量存在的时候，企业的投资会显得"畏首畏尾"：不是技术冲击水平足够高而且预期高技术水平持续的时间比较长，企业不会贸然地进行正投资；同样，如果不利的技术冲击不够严重或者只是暂时性的，企业也不会轻易地进行负投资。这样，资本调整成本会抑制企业对技术冲击的反应程度，延缓其资本存量的调整速度。由于较高的资本调整成本意味着只有部分的投资能形成资本存量，这就进一步弱化了产出对于扩张性货币政策冲击的反应，同时也降低了消费的扩张。由此可见，较高资本调整成本会降低技术进步对经济增长的促进作用。

（二）货币政策冲击分析

相比较而言，资本调整成本的增大对于扩张性货币政策这一名义冲击的负面影响更为显著。为了更明确地考察资本调整成本对于货币政策效力的制约，根据上文的参数调整结果，本部分比较了仅存在名义价格黏性（即仅考虑价格调整成本）和同时存在价格调整成本和资本调整成本的情况。从图 6.3 中可以看出，仅考虑价格调整成本的时候，扩张性的货币政策（正的货币增长率冲击）引起产出和消费短期内温和的增长，增长大约持续 5 期后开回落，并缓慢回到初始状态，呈现出驼峰形态。其中，产出偏离稳态 0.2% 左右，消费偏离稳态 0.52% 左右。而投资则出现瞬时的剧烈响应，出现快速且大幅的上升，偏离稳态达 5% 左右，但在冲击作用两个季度以后，又迅速下降，仅经历两个季度，投资就恢复到稳态附近。在存在价格黏性的新凯恩斯模型中，当货币增长率增加时，一方面，由于价格调整成本的存在，价格调整缓慢，引起真实货币余额增加，从而真实利率下降以及家庭的实际工资增加，此时，由于收入效应大于替代效应，家庭的劳动供给增加。同时消费增加导致总需求上升，刺激厂商提高产出以满足总需求的增加，由此提升厂商的投资以及劳动需求。随着物价水平的不断上涨，消费需求下降，厂商也倾向于降低投资，减少劳动雇佣，因而产出、消费、投资表现出不断下降的持续性。价格黏性的新凯恩斯模型较好地产生了货币政策的持续效应。

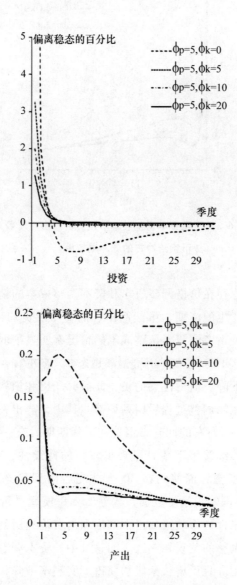

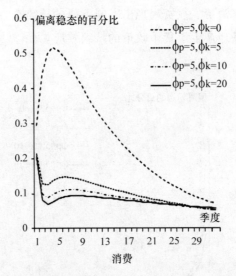

图 6.3 不同资本调整成本下投资、产出、消费对货币供给冲击的脉冲响应图

在同时考虑存在价格调整成本和资本调整成本的情况下，扩张性货币政策冲击发生的当期，虽然产出、消费和投资均出现即时上升，但其反应程度较不考虑资本调整成本的情况有明显削弱，其中，当前产出偏离稳态 0.15% 左右，消费偏离稳态 0.2% 左右，投资的反应也有不同程度的下降。值得注意的是，此后，产出和消费均在经历了约五个季度的倒驼峰调整过程后回到稳态。其中，产出在下降四个季度后有一个 0.005% 左右的回升，消费在下降四期后有一个 0.02% 左右的回升；然后继续缓慢下落且呈现出较强的持续性，产出约在第 25个季度后回到稳态，消费约在 30 个季度后回到稳态。这与王君斌（2011）基于中国宏观季度数据，构建 SVAR 模型进行脉冲反应实验所观察到的扩张性货币政策冲击下产出和消费均经历约五个季度的倒驼峰波动形态调整的发现相一致。而这其中，资本调整成本的存在起到了关键的作用。货币增长率增加使得真实利率下降，证券在资本市场上的价格会上升，实物资本的价格由于存在黏性，因而是缓慢上升的，这会提高企业的托宾 q 值，提高企业的合意资本存量，从而促进投资。投资是逐渐向理想资本存量水平进行调整的过程，在此过程中，风险中性的厂商的价值最大化问题等价于资本积累方程约束下的损失最小化。这个损失包括两个部分：一部分是由现有资本存量与理想资本存量水平之间差异所造成的不均衡损失；另一部分则为投资的资本调整成本。企业将容忍现有资本存量与理想资本存量之间偏离所付出的代价与调整所付出的成本进行比较，当资本调整成本过大，超过容忍的代价时，企业权衡后将选择不进行投资（Bertola and Caballero，1990），这导致经济中的投资对扩张性货币政策的反应幅度下降。投资的边际效率由资本的边际产品和资本的边际调整成本共同决定。而前述资本调整成本凸函数的假设意味着当投资增加时，新资本品的调整成本上升，这样在达到合意资本存量之前投资的边际效率将下降。因此，资本边际调整成本的上升减慢了资本的调整速度，投资对扩张性货币政策的反应幅度下降的同时，在反应时间上却更具持续性。资本调整成本越大，意味着投资需求在扩张性货币冲击后越小，因而投资的供给也应该相应降低，这本应该予以家庭更大的消费空间，但是，随着时间的推移，投资的下降导致产出快速下降，反过来也会影响家庭的收入，而物价水平的不断上涨也使得其实际收入进一步下降，由于资本调整成本的存在，导致实际产出增长率低于通货膨胀的增长率，导致家庭消费的萎缩加剧，经济中出现典型的"高投资与低消费共存"的有效需求不足局面。但随着资本的不断积累和资本调节成本的增加，资本的实际边际收益（产出）不断下降，经济中的投资下降，同时由于需求不足导致的物价水平降低又会提升消费，并进一步通过总需求拉动产出上升，从而形成倒驼峰状调整过程。

第五节　相关政策建议

本章重点分析了货币政策在经济转型时期的中国基于1999—2008年全部国有及规模以上工业企业的微观数据，实证分析了中国经济中资本调整成本的来源、大小和影响；而后在动态随机一般均衡模型中引入价格黏性、资本调整成本和数量型货币政策等中国现实经济特征，将模型结构参数用中国宏观数据校准后进行了数值模拟分析，并将模型结果与中国近20年（1993—2011年）宏观经济运行特征加以对照，发现包含资本调整成本的模型能够在相当程度上解释中国宏观经济动态。基于后危机经济加速转型时期资本调整成本增大的趋势，本章进一步进行了模型模拟和脉冲响应函数分析。研究结果显示，在以资本调整成本增大为特征的经济转型时期，资本市场摩擦加剧会弱化投资对于正向全要素生产率冲击的反应幅度和速度，弱化技术进步对经济增长的促进作用。而资本调整成本上升对于扩张性货币政策效力的制约则更为显著，产出、消费和投资反应程度较不考虑资本调整成本的情况有明显削弱，且产出和消费均经历了约五个季度的倒驼峰调整过程，使经济中形成典型的"高投资与低消费共存"的有效需求不足局面，加剧了经济增长的不平衡。上述结论对于如何实施合适的宏观经济政策，从而实现经济增长方式的顺利转换和提高扩张性货币政策的有效性具有重要的指导意义。

自2010年二季度以来，中国经济增长延续了下行态势，且降幅有所扩大。欧债危机再度恶化、世界经济及贸易增长放缓等外因固然起到了一定作用，但当前经济增长对以往平均增速的明显偏离，在一定程度上也反映了中国经济从高速增长阶段向中速增长阶段的转换，增长速度的调整体现了经济结构、增长动力和发展方式的转变。转型时期外需萎缩和产业升级所导致的部分结构性产能过剩，城市化进程所带来的投资不可逆程度增加，产业高级化所引致的安装、培训费用的上升等，虽然从长期来看提升了经济的可持续发展能力，在当期却不可避免地加剧了要素市场摩擦，而资本调整成本的加大正是表现之一。根据前述分析，一方面，短期宏观调控应顺应增长阶段的转换，理性地调整增长目标，容忍经济增长的适度回落。但是另一方面，投资体制不健全和地方政府高投资冲动所带来的重复建设和产能过剩问题则可能会加剧经济中不必要的资本调整成本上升格局。为确保发展方式转变和积极货币政策实施对经济增长的促进作用，需要改善投资结构，消化过剩产能，使新增投资切实转化为有效投资，转变长期以来简单依靠政府投资拉动经济增长的方式。与此同时，我们需要配套实施其他政策措施，如财政政策和收入政策等，加大转移支付以增加居民收入，在促进经济增长和结构改革之间保持平衡。

小 结

基于中国经济结构和投资体制特征，本章采用了实证分析和理论研究有机统一的逻辑框架，从资本调整成本的视角，探讨了经济转型时期资本市场摩擦加剧对中国技术进步型增长方式和积极货币政策调控效力的影响。基于1999—2008年全部国有及规模以上工业企业的微观数据，本章实证分析了中国经济中资本调整成本的来源、大小和影响，并根据中国近20年（1993—2011年）宏观经济数据对引入中国现实经济特征的新凯恩斯模型进行了校准，发现包含资本调整成本的模型能够在相当程度上解释中国宏观经济动态。基于对后危机经济加速转型时期资本调整成本的增大趋势，本章进一步进行了模型模拟，研究结果显示，资本调整成本增大会弱化技术进步对经济增长的促进作用，它对于扩张性货币政策效力的制约则更为显著，且产出和消费均经历约五个季度的倒驼峰调整过程，使经济中形成典型的"高投资与低消费共存"的有效需求不足局面，加剧了经济增长的不平衡。

附录 A

MIU 模型的 15 个变量，即 $(c_t, y_t, i_t, m_t, l_t, w_t, r_t^k, d_t, \pi_t, r_t^b, k_t, \lambda_t, mc_t, a_{,t}, \xi_t)$ 由下列方程共同决定。

1. 最终商品市场出清条件

$$Y_t = C_t + I_t \left[1 + \frac{\varphi_k}{2} \left(\frac{I_t}{K_{t-1}} \right)^2 \right]$$

2. 家庭的行为方程

消费的最优条件：$\chi = \Lambda_t C_t^{1-\sigma_2} [C_t^{\sigma_2} + b(M_t/P_t)^{\sigma_2}]$

家庭的劳动供给：$\dfrac{\psi}{1-l_t} = \Lambda_t \left(\dfrac{W_t}{P_t} \right)$

债券无风险利率的决定：$\dfrac{\Lambda_t}{P_t} = \beta R_t^b E_t \Lambda_{t+1} \dfrac{1}{P_{t+1}}$

货币需求函数：$\left[\dfrac{C_t}{b(M_t/P_t)} \right]^{1-\sigma_2} = 1 - \dfrac{1}{R_t^b}$

资本的最优利用条件：

$$\Lambda_t \left[1 + \frac{3\varphi_k}{2} \left(\frac{I_t}{K_t} \right)^2 \right] = \beta E_t \Lambda_{t+1} \left[\frac{R_{t+1}^k}{P_{t+1}} + 1 - \delta \right] + \beta \varphi_k E_t \Lambda_{t+1} \left(\frac{I_{t+1}}{K_t} \right)^3 -$$

$$\frac{\beta(1-\delta)}{2} \varphi_k E_t \Lambda_{t+1} \left(\frac{I_{t+1}}{K_t} \right)^2 - \frac{3\beta}{2} (1-\delta) \varphi_k E_t \lambda_{t+1} \left(\frac{i}{k} \right)^2$$

3. 厂商的行为方程

工资水平的决定：$\dfrac{W_t}{P_t} = \dfrac{(1-\alpha)MC_t}{L_t} Y_t$

资本回报率决定：$\dfrac{R_t^k}{P_t} = \dfrac{\alpha MC_t}{K_{t-1}} Y_t$

厂商利润函数：$\prod_t (j) = (P_t(j) - MC_t) \left[\dfrac{P_t(j)}{P_t} \right]^{-\theta_p} Y_t$

生产函数：$Y_t(j) = A_t K_{t-1}(j)^\alpha (n_t L_t(j))^{1-\alpha}$

4. 其他

资本积累方程：$I_t = K_t - (1 - \delta) K_{t-1}$

技术进步方程：$\log A_t = \rho_a \log A_{t-1} + \varepsilon_{A,t}$

政府货币政策：

$$M_t = (1 + \xi_t) M_{t-1}$$

$$\hat{\xi}_t = g_1 E_t \hat{y}_{t+1} + g_2 E_t \hat{\pi}_{t+1} + \hat{\varepsilon}_{t+1}^m$$

$$\hat{\varepsilon}_{t+1}^m = g_3 \hat{\varepsilon}_t^m + e_t^m$$

使用 King 等的方法，将变量写为人均的形式，令 $c_t = C_t/n_t$，$y_t = Y_t/n_t$，$i_t = I_t/n_t$，$k_t = K_t/n_t$，$m_t = M_t/P_t n_t$，$w_t = W_t/P_t n_t$，$d_t = \prod_t/P_t n_t$，$r_t^k = R_t^k/P_t$，$\lambda_t = n_t \Lambda_t$，$l_t = L_t$，$r_t^b = R_t^b$，并令 $n = n_{t+1}/n_t$，这里仅考虑对称均衡，即每个中间品厂商都做同样的决定，因此有：$y_t(j) = y_t$，$P_t(j) = P_t$，$d_t(j) = d_t$，$l_t(j) = l_t$，$j \in [0,1]$，且 $t = 0$，$1, 2, \cdots$，施加了这些均衡条件以后，上面的式子可以化为：

1. 最终商品市场出清条件

$$y_t = c_t + i_t \left[1 + \dfrac{\varphi_k}{2} \left(\dfrac{i_t}{k_{t-1}} \right)^2 \right]$$

2. 家庭的行为方程

消费的最优条件：$\chi = \lambda_t c_t^{1-\sigma_2} (c_t^{\sigma_2} + b m_t^{\sigma_2})$

家庭的劳动供给：$\dfrac{\psi}{1 - l_t} = \lambda_t w_t$

债券无风险利率的决定：$n \lambda_t = \beta r_t^b E_t \left(\dfrac{\lambda_{t+1}}{\pi_{t+1}} \right)$

货币需求函数：$b m_t^{\sigma_2-1} = \left(1 - \dfrac{1}{r_t^b} \right) c_t^{\sigma_2-1}$

资本的最优利用条件：

$$n\lambda_t\left[1+\frac{3\varphi_k}{2}\left(\frac{i_t}{k_{t-1}}\right)^2\right]=\beta E_t\lambda_{t+1}(r_{t+1}^k+1-\delta)+\beta\varphi_k E_t\lambda_{t+1}\left(\frac{i_{t-1}}{k_t}\right)^3$$

$$-\frac{3\beta}{2}(1-\delta)\varphi_k E_t\lambda_{t+1}\left(\frac{i}{k}\right)^2$$

3．厂商的行为方程

工资水平决定：$w_t=(1-\alpha)mc_t y_t/l_t$

资本回报率决定：$r_t^k=\alpha mc_t y_t/k_{t-1}$

厂商利润函数：$d_t=y_t-w_t l_t-r_t^k k_{t-1}$

4．其他

生产函数：$y_t=a_t k_{t-1}^\alpha l_t^{1-\alpha}$

资本积累方程：$nk_t=(1-\delta)k_{t-1}+i_t$

技术进步方程：$\ln a_t=\rho_a\ln a_{t-1}+\varepsilon_{a,t}$

政府货币政策：

$$\frac{1+\xi_t}{n\pi_t}=\frac{m_t}{m_{t-1}}$$

$$\hat{\xi}_t=g_1 E_t\hat{y}_{t+1}+g_2 E_t\hat{\pi}_{t+1}+\hat{\varepsilon}_{t+1}^m$$

$$\hat{\varepsilon}_{t+1}^m=g_3\hat{\varepsilon}_t^m+e_t^m$$

一　对数线性化

由于模型为非线性化模型，无法直接进行求解。为对系统的动态特征进行分析，在求解模型前必须先对模型进行对数线性化（log - linearization）。本书处理非线性部分对数线性化的方法是将非线性部分在稳态附近一阶 Taylor 展开，令变量 x_t 偏离其长稳态值 x 的百分比为 $\hat{x}_t\equiv\log(x_t/x)$，将模型的各项约束式和最优化条件经过对数线性化可以得到如下的等式：

1．最终商品市场出清条件

$$y\hat{y}_t=c\hat{c}_t+\left[1+\frac{3}{2}\varphi_k\left(\frac{i}{k}\right)^2\right]i\hat{i}_t-\varphi_k\left(\frac{i}{k}\right)^2 i\hat{k}_{t-1}$$

2．家庭的行为方程

消费的最优条件：

$$0 = \chi r^b \hat{\lambda}_t + r^b [\chi(1 - \sigma_2) + \lambda \sigma_2 c] \hat{c}_t + \frac{\lambda}{b} \sigma_2 (r^b - 1) m \hat{m}_t$$

家庭的劳动供给：$0 = \hat{w}_t + \hat{\lambda}_t + \frac{l}{l - 1} \hat{l}_t$

债券无风险利率的决定：$\hat{\lambda}_t = E_t \hat{\lambda}_{t+1} - E_t \hat{\pi}_{t+1} + \hat{r}_t^b$

货币需求函数：$\hat{m}_t = \hat{c}_t + \frac{1}{(r^b - 1)(\sigma_2 - 1)} \hat{r}_t^b$

资本的最优利用条件：

$$n \hat{\lambda}_t = n E_t \hat{\lambda}_{t+1} + \frac{\beta r^k}{1 + \frac{3 \varphi_k}{2} \left(\frac{i}{k} \right)^2} E_t \hat{r}_{t+1}^k + \frac{3 n^2 \varphi_k \left(\frac{i}{k} \right)}{1 + \frac{3 \varphi_k}{2} \left(\frac{i}{k} \right)^2} \hat{k}_{t-1}$$

$$- \left[\frac{3 n^2 \varphi_k \left(\frac{i}{k} \right) + 3 \beta \varphi_k \left(\frac{i}{k} \right)^3 - \beta(1 - \delta) \varphi_k \left(\frac{i}{k} \right)^2}{1 + \frac{3 \varphi_k}{2} \left(\frac{i}{k} \right)^2} \right] E_t \hat{k}_t +$$

$$\left[\frac{3 \beta \varphi_k \left(\frac{i}{k} \right)^3 - \beta(1 - \delta) \varphi_k \left(\frac{i}{k} \right)^2}{1 + \frac{3 \varphi_k}{2} \left(\frac{i}{k} \right)^2} \right] E_t \hat{i}_{t+1}$$

3. 厂商的行为方程

工资水平决定：$(1 - \alpha) \hat{w}_t = m \hat{c}_t - \alpha \hat{r}_t^k + \hat{a}_t$

资本回报率决定：$\hat{r}_t^k = m \hat{c}_t + (1 - \alpha)(\hat{l}_t - \hat{k}_{t-1}) + \hat{a}_t$

厂商利润函数：$d \hat{d}_t = y \hat{y}_t - w l \hat{w}_t - w l \hat{l}_t - r^k k \hat{k}_{t-1} - r^k k \hat{r}_t^k$

定价决策：

$$\hat{\pi}_t = \beta E_t \hat{\pi}_{t+1} + \tilde{k} m \hat{c}_t$$

$$\tilde{k} = \frac{(1 - \omega_p)(1 - \beta \omega_p)}{\omega_p}$$

4. 其他

生产函数：$\hat{y}_t = \hat{a}_t + \alpha \hat{k}_{t-1} + (1 - \alpha) \hat{l}_t$

资本积累方程：$n \hat{k} = (1 - \delta) \hat{k}_{t-1} + (n - 1 + \delta) \hat{i}_t$

技术进步方程：$\hat{a}_t = \rho_a \hat{a}_{t-1} + \varepsilon_{a,t}$

政府货币政策：

$$\left(1 - \frac{1}{n\pi}\right)\hat{\xi}_t = \hat{m}_t - \hat{m}_{t-1} + \hat{\pi}_t$$

$$\hat{\xi}_{t+1} = g_1 E_t \hat{y}_{t+1} + g_2 E_t \hat{\pi}_{t+1} + \hat{\varepsilon}_{t+1}^m$$

$$\hat{\varepsilon}_{t+1}^m = g_3 \hat{\varepsilon}_t^m + e_t^m$$

二　稳定状态计算

在没有外生冲击的条件下，经济收敛于平衡增长的稳态路径。当经济收敛于稳态（steady state）时，所有变量的稳态数值应当满足上面关于家庭和厂商决策问题的一阶必要条件，整个经济的预算约束以及外生变量外生增长率的规定。假设稳态时的通货膨胀率 π 是由政府所决定的，那么在稳态时，令投资调整成本为 0，则有：

1. 对家庭而言

债券无风险利率的决定：$r^b = n\pi/\beta$

由资本的最优利用条件可得：$r^k = n/\beta - 1 + \delta$

由货币需求函数可以得到：$m = \left[\frac{1}{b}\left(1 - \frac{1}{r^b}\right)\right]^{\frac{1}{\sigma_2-1}} c$

消费的最优条件：$c = \frac{\chi}{\lambda}\left\{1 + b\left[\frac{1}{b}\left(1 - \frac{1}{r^b}\right)\right]^{\frac{\sigma_2}{\sigma_2-1}}\right\}^{-1}$

2. 对厂商而言

稳态的边际成本为：$mc = \dfrac{\theta_p - 1}{\theta_p}$

资本使用为：$k = mc\dfrac{\alpha y}{r^k}$

劳动力使用为：$l = \left(\dfrac{y}{ak^\alpha}\right)^{1/1-\alpha}$

支付的工资为：$w = mc\left[\dfrac{(1-\alpha)y}{l}\right]$

厂商利润为：$d = y - wl - r^k k$

3. 其他

生产函数：$y = \left[1 - mc\left(\dfrac{\alpha(n-1+\delta)}{r^k} \right) \right]^{-1} c$

$$\lambda = \frac{\psi + mc(1-\alpha)\chi \left[1 - mc\left(\dfrac{\alpha(n-1+\delta)}{r^k} \right) \right]^{-1} \left\{ 1 + b\left[\dfrac{1}{b}\left(1 - \dfrac{1}{r^b} \right) \right]^{\frac{\sigma_b}{\sigma_b-1}} \right\}^{-1}}{(1-\alpha)mc^{1/(1-\alpha)}a^{1/(1-\alpha)}\left(\dfrac{\alpha}{r^k} \right)^{\alpha/(1-\alpha)}}$$

资本积累方程：$i = (n-1+\delta)k$

政府货币政策：$1 + \xi = n\pi$

附录 B

B1 模型的求解

在设定模型后，我们可以将家庭部门的效用最大化、厂商部门的利润最大化、政府对货币的调控行为以及冲击因素和市场不完全因素综合在一个完整的包含家庭部门、厂商部门、政府货币当局的一般均衡经济系统中。

（一）家庭部门的一阶条件

在 t 时期，家庭部门选择 $\{c_t, M_t/p_t, h_t, k_{t+1}(i_t)\}, t = 0, 1, 2 \cdots$，使效用函数在约束条件下可以达到最大化。我们用拉格朗日方法分别求解 $\{c_t, M_t/p_t, h_t, k_{t+1}(it), \lambda_t\}$（$\lambda_t$ 为 t 期的拉格朗日因子）的一阶条件，得到家庭部门最优化行为模型的一阶条件如下：

$$\frac{c_t^{(-\frac{1}{\gamma})}}{c_t^{\frac{\gamma-1}{\gamma}} + b_t^{\frac{1}{\gamma}}(M_t/p_t)^{\frac{\gamma-1}{\gamma}}} - \lambda_t = 0$$

$$\frac{b_t^{\frac{1}{\gamma}}(M_t/p_t)^{-\frac{1}{\gamma}}}{c_t^{\frac{\gamma-1}{\gamma}} + b_t^{\frac{1}{\gamma}}(M_t/p_t)^{\frac{\gamma-1}{\gamma}}} - \lambda_t + \beta E_t\left(\frac{p_t \lambda_{t+1}}{p_{t+1}}\right) = 0$$

$$\frac{\eta}{1-h_t} - \lambda_t w_t = 0$$

$$\beta E_t\left[\frac{\lambda_{t+1}}{\lambda_t}\left(r_{t+1} + \frac{\varphi_k}{2}\left(\frac{i_{t+1}}{k_{t+1}}\right)^2 + (1-\delta)\left(1 + \varphi_k \frac{i_{t+1}}{k_{t+1}}\right)\right)\right]$$

$$- \varphi_k \frac{i_t}{k_t} - 1 = 0$$

$$c_t + i_t + \frac{M_t}{p_t} + \frac{\varphi_k}{2}\frac{i_t^2}{k_t} = r_t k_t + w_t h_t + \frac{M_{t-1} + T_t + \text{Pro}_t}{p_t}$$

$$k_{t+1} - (1 - \delta)k_t - i_t = 0$$

（二）最终产品生产商的一阶条件

在 t 时期，最终厂商选择 $\{y_{jt}\}$，使生产利润最大化，$\{y_{jt}\}$ 的一阶条件为：

$$(y_{jt}/y_t)^{-(1/\theta)} = p_{jt}/p_t$$

由 $\{y_{jt}\}$ 的一阶条件解出厂商 j 的需求函数为：

$$y_{jt} = (p_{jt}/p_t)^{-\theta}y_t$$

上式刻画了厂商 j 的产出同相对价格和最终产品产量之间的关系。

（三）中间产品生产商的一阶条件

以上，我们构建了包含约束条件的中间产品生产厂商 j 利润最大化条件的模型。在 t 时期，中间产品生产商 j 选择 $\{k_{jt},h_{jt},p_{jt}\}$，$t = 0$，$1,2\cdots$，使利润函数在柯布—道格拉斯生产函数形式的产出约束条件下达到最大。我们用拉格朗日方法分别求解 $\{k_{jt},h_{jt},p_{jt},\xi_t\}$（$\xi_t$ 为 t 期的拉格朗日因子）的一阶条件，得到中间生产商 j 的最优化行为模型的一阶条件如下：

$$\alpha \frac{y_{jt}}{k_{jt}} \frac{\xi_t}{\psi_t} - r_t = 0$$

$$(1 - \alpha) \frac{y_{jt}}{h_{jt}} \frac{\xi_t}{\psi_t} - w_t - \varphi_h \left(\frac{h_{jt}}{h_{jt-1}} - 1 \right) \frac{y_t}{h_{jt-1}} + \beta\varphi_h Et\left[\left(\frac{h_{jt}}{h_{jt-1}} - 1 \right) \frac{h_{jt+1}y_{t+1}}{h_{jt}^2} \frac{\psi_{t+1}}{\psi_t} \right] = 0$$

$$\frac{\xi_t}{\psi_t} - \frac{\theta - 1}{\theta} - \frac{\varphi_p}{\theta} \left(\frac{p_{jt}}{p_{jt-1}} - 1 \right) \frac{p_{jt}}{p_{jt-1}} \frac{y_t}{y_{jt}} + \frac{\beta\varphi_p}{\theta} Et\left[\left(\frac{p_{jt+1}}{p_{jt}} - 1 \right) \frac{p_{jt+1}}{p_{jt}} \frac{\psi_{t+1}}{\psi_t} \frac{y_{t+1}}{y_{jt}} \right] = 0$$

$$A_t k_{jt}^{\alpha} h_{jt}^{1-\alpha} - \left(\frac{p_{jt}}{p_t} \right)^{-\theta} y_t = 0$$

ξ_t/ψ_t 衡量了边际成本投入的增加所带来的产出价值的增加，由于市场是完全竞争的，所以 ξ_t/ψ_t 衡量的就是最终产品的边际价格，设为 $n_t = \xi_t/\psi_t$。带入最终厂商部门的一阶条件。

因为中间产品生产商是同质的部门，那么针对中间厂商部门中生产商 j 的市场行为分析，针对整个中间产品生产部门也是成立的。因此，对于整个中间产品生产部门的某个经济指标 x（x 为劳动投入 h，资本投入 k，价格 p，产出 y，利润 Pro），以上模型中的 $x_{jt} = x_t$，可以得到经济系统中整个厂商部门的一阶条件。这里的等号关系不是一种相等，而是一种基于同质性的假设，由单个中间厂商到整个厂商部门的替代。具体来说，对于（0,1）区间上的某个中间厂商个体指标 x_j，其总量指标 $Xt = \int_0^1 x_{jt} dj$，其中 $x = k, h, \text{Pro}$，$y_t = \left(\int_0^1 y_{jt}^{\frac{\theta-1}{\theta}} dj \right)^{\frac{\theta}{\theta-1}}$，$p_t = \left(\int_0^1 p_{jt}^{1-\theta} dj \right)^{\frac{1}{1-\theta}}$。得：

$$\alpha \frac{y_t}{k_t n_t} - r_t = 0$$

$$(1 - \alpha) \frac{y_t}{h_t n_t} - w_t = 0$$

$$\frac{1}{n_t} - \frac{\theta - 1}{\theta} - \frac{\varphi_p}{\theta}(\pi_t - 1)\pi_t + \frac{\beta \varphi_p}{\theta} E t \left[(\pi_{t+1} - 1)\pi_t \frac{y_{t+1}}{y_t} \frac{\psi_{t+1}}{\psi_t} \right] = 0$$

$$y_t = A_t k_t^{\alpha} h_t^{(1-\alpha)}$$

（四）一般均衡的市场出清条件

家庭部门的拉格朗日因子的一阶条件是：

$$c_t + i_t + \frac{M_t}{p_t} + \frac{\varphi_k}{2} \frac{i_t^2}{k_t} = r_t k_t + w_t h_t + \frac{M_{t-1} + T_t + \text{Pro}_t}{p_t}$$

对于整个厂商部门：$\text{Pro}_t = p_t y_t - p_t r_t k_t - p_t w_t h_t - p_t PAC_t$

政府的货币控制行为：$M_t - M_{t-1} = T_t$

代换得到：$y_t = c_t + i_t + \frac{\varphi_k}{2} \frac{i_t^2}{k_t} + \frac{\varphi_p}{2}(\pi_t - 1)^2 y_t$

我们可以得到一个包含家庭部门一阶条件、厂商部门一阶条件、市场出清条件和货币规则的经济系统的非线性动态方程系统如下：

$$\frac{c_t^{(-\frac{1}{\gamma})}}{c_t^{\frac{\gamma-1}{\gamma}} + b_t^{\frac{1}{\gamma}} m_t^{\frac{\gamma-1}{\gamma}}} - \lambda_t = 0$$

$$\frac{b_t^{\frac{1}{\gamma}} m_t^{-\frac{1}{\gamma}}}{c_t^{\frac{\gamma-1}{\gamma}} + b_t^{\frac{1}{\gamma}} m_t^{\frac{\gamma-1}{\gamma}}} - \lambda_t + \beta E_t \left(\frac{p_t \lambda_{t+1}}{p_{t+1}} \right) = 0$$

$$\frac{\eta}{1-h_t} - \lambda_t w_t = 0$$

$$\beta E_t\left[\frac{\lambda_{t+1}}{\lambda_t}\left(r_{t+1} + \frac{\varphi_k}{2}\left(\frac{i_{t+1}}{k_{t+1}}\right)^2 + (1-\delta)\left(1 + \varphi_k \frac{i_{t+1}}{k_{t+1}}\right)\right)\right] - \varphi_k \frac{i_t}{k_t} - 1 = 0$$

$$y_t = c_t + i_t + \frac{\varphi_k}{2}\frac{i_t^2}{k_t} + \frac{\varphi_p}{2}(\pi_t - 1)^2 y_t$$

$$k_{t+1} - (1-\delta)k_t - i_t = 0$$

$$\alpha \frac{y_t}{k_t n_t} - r_t = 0$$

$$(1-\alpha)\frac{y_t}{h_t n_t} - w_t = 0$$

$$\frac{1}{n_t} - \frac{\theta-1}{\theta} - \frac{\varphi_p}{\theta}(\pi_t - 1)\pi_t + \frac{\beta\varphi_p}{\theta}Et\left[(\pi_t - 1)\pi_t \frac{y_{t+1}}{y_t}\frac{\lambda_{t+1}}{\lambda_t}\right] = 0$$

$$y_t = A_t k_t^{\alpha} h_t^{(1-\alpha)}$$

$$u_t = \frac{m_t}{m_{t-1}}\pi_t$$

在以上系统中引入市场的无风险利率:

$$\frac{1}{\beta}E_t\left(\frac{\lambda_t \pi_{t+1}}{\lambda_{t+1}}\right) = r^b_t$$

在不引入冲击的情况下,可以求出这个经济系统的稳态一般均衡。求解稳态一般均衡得出稳态一般均衡解系统,在稳态一般均衡解附近,可以对加入冲击因素以后的非线性动态方程系统进行对数线性化,对数线性化以后的线性方程系统如下:

$$\hat{\lambda}_t + \left(\frac{1}{\gamma} + \frac{\gamma-1}{\gamma}\tilde{\lambda}\tilde{c}\right)\hat{c}_t + \frac{1}{\gamma}(1 - \tilde{\lambda}\tilde{c})\hat{b}_t + \frac{\gamma-1}{\gamma}(1 - \tilde{\lambda}\tilde{c})\hat{m}_t = 0$$

$$\hat{b}_t - \hat{m}_t + \hat{c}_t - \frac{\gamma}{r_b - 1}\hat{r}_b = 0$$

$$\frac{\tilde{h}}{\tilde{h}-1}\hat{h}_t - \hat{\lambda}_t - \hat{w}_t = 0$$

$$Et\left[\begin{array}{l}\tilde{r}\hat{r}_{t+1} + \left(\varphi_k \frac{\tilde{i}^2}{\tilde{k}^2} + (1-\delta)\varphi_k\right)\hat{i}_{t+1} - \left(\varphi_k \frac{\tilde{i}^2}{\tilde{k}^2} + (1-\delta)\varphi_k\right)\hat{k}_{t+1} + \\ \frac{1}{\beta}(1+\varphi_k)\hat{\lambda}_{t+1} - \frac{1}{\beta}(1+\varphi_k)\hat{\lambda}_t\end{array}\right]$$

$$= \varphi_k \hat{i}_t - \varphi_k \hat{k}_t$$

$$\hat{k}_{t+1} - (1-\delta)\hat{k}_t - \delta \hat{i}_t = 0$$

$$\hat{c}_t + \frac{\varphi_p}{2}[(\tilde{\pi}-1)^2 - 1]\hat{y}_t + \varphi_p \tilde{\pi}(\tilde{\pi}-1)\hat{\pi}_t + \left(\frac{\varphi_k \tilde{i}^2}{\tilde{k}\tilde{y}} + 1\right)\hat{i}_t - \frac{\varphi_k}{2}\frac{\tilde{i}^2}{\tilde{k}\tilde{y}}\hat{k}_t = 0$$

$$\alpha \hat{y}_t - \hat{r}_t - \hat{k}_t - \hat{n}_t = 0$$

$$\hat{w}_t - \hat{y}_t + \hat{h}_t + \hat{n}_t = 0$$

$$-\frac{1}{\tilde{n}}\hat{n}_t - \frac{\varphi_p}{\theta}(2\tilde{\pi}^2 - \tilde{\pi})\hat{\pi}_t + \frac{\beta\varphi_p}{\theta}E_t[(2\tilde{\pi}^2 - \tilde{\pi})\hat{\pi}_{t+1}]$$

$$+\frac{\beta\varphi_p}{\theta}E_t[(\tilde{\pi}^2 - \tilde{\pi})(\hat{y}_{t+1} + \hat{\lambda}_{t+1} - \hat{y}_t - \hat{\lambda}_t)] = 0$$

$$\hat{y}_t - \hat{A}_t - \alpha \hat{k}_t - (1-\alpha)\hat{h}_t = 0$$

$$\hat{u}_t + \hat{m}_{t-1} - \hat{m}_t - \hat{\pi}_t = 0$$

$$\hat{u}_t = \rho_u \hat{u}_{t-1} + \rho_{\hat{\pi}t} + \rho_y \hat{y}_t + \hat{\xi}_t$$

$$\hat{A}_{t+1} = \rho_A \hat{A}_t + \xi_{A_{t+1}}$$

$$\hat{b}_{t+1} = \rho_b \hat{b}_t + \xi_{b_{t+1}}$$

$$\hat{\xi}_t = \rho_\xi \hat{\xi}_{t-1} + \xi_{v_t}$$

其中，$\tilde{x}$ 表示经济指标 x 的均衡稳态值；$\hat{x}$ 表经济指标 x 的实际值对其稳态值的偏离。参照 Uhlig（1999）的求解方法和使用基于 Matlab 程序的 Toolkit 宏观工具包对模型进行求解和数值模拟。在求解之前首先要对模型的参数进行校准。在求解时，为了使模型与程序兼容，本书设定 $X' = \{k,m,h\}$ 为模型内生状态变量，$Y' = \{r^b,c,r,y,w,i,q,\pi,\lambda,u\}$ 为模型内生其他变量，$Z' = \{A,b,\xi\}$ 为模型的冲击变量。

则模型的所有方程可纳入下面的矩阵方程系统：

$$[AA]X_t' + [BB]X_{t-1}' + [CC]Y_t + [DD]Z_t' = 0$$

$$E_t\{[FF]X_{t+1}' + [JJ]Y_{t+1}' + [LL]Z_{t+1}'\}$$

$$+ [GG]X_t' + [HH]X_{t-1}' + [KK]Y_t' + + [MM]Z_t' = 0$$

$$Z_{t+1}' = [NN]Z_t' + \xi_{t+1}', E_t(\xi_{t+1}) = 0$$

则模型的解的形式为：

$$X_t{}' = [PP]X_{t-1}{}' + [QQ]Z_t{}'$$

$$Y_t{}' = [RR]X_{t-1}{}' + [SS]Z_t{}'$$

其中 [XX] 表示矩阵。

B2

采用永续盘存法（PIM）（孙琳琳、任若恩，2005）来估算生产性资本。设定季度折旧率为 0.025，固定资本形成总额为当年投资数据（张军、吴桂英、张吉鹏，2004），用 CPI 替代投资品价格指数（黄勇峰、任若恩、刘晓生，2002），期初资本为 1995 年末资本存量，取自张军（2003）的研究，对中国的资本存量序列进行了估计，并剔除价格因素。使用以上数据估计得到的生产函数如下：

$$\text{Ln}(Y_t/h_t) = 0.329\,\text{Ln}(K_t/h_t) + 0.0166T + 4.162$$
$$\qquad\qquad (2.98) \qquad\qquad (4.88) \quad (2.25)$$

$$R^2 = 0.943, DW = 2.63, F = 492.55$$

由估计结果，我们可以得到参数 $\alpha = 0.33$。根据上式我们可以计算出"索罗剩余"项：$Z_t = \text{Ln}(Y_t/h_t) - 0.329 \times \text{Ln}(K_t/h_t)$

对 Z_t 进行去季节趋势（X - 12 法）和 H - P 滤波，提取其波动部分，通过平稳性检验，对波动部分进行自回归，可以得到技术冲击的自相关系数和标准差（陈晓光、张麟宇，2009）。在回归的时候，我们加入了滞后期作为工具变量，滞后期选取到 10，估计得到的参数分别为：$\rho_A = 0.77$（5.22），$\sigma_A = 0.013$。

B3

对于货币偏好冲击相关系数，如 Ireland（1997）和 Kim（2000）的研究，根据模型可以推出：

$$\log b_t \approx \gamma \times \log R_t + \log(M_t/p_t) - \log c_t$$

根据上式，代入采集的数据，可以得到 $\log b_t$ 的时间序列，通过平稳性检验，我们对其进行自回归，引入滞后期作为工具变量，滞后期选取 5，估计得到货币偏好冲击的自相关系数和标准差分别为：$\rho_b = 0.74$（6.81），$\sigma_b = 0.067$。在自回归方程中引入常数项，得到常数项为 0.173041，计算得到货币偏好的稳态水平为：$b = 4.6$。

B4

对于货币规则方程的相关系数，首先，我们结合现有文献提取产出缺口和通胀缺口的方法，从实际经济数据中提取产出缺口和通胀缺口。对于产出缺口，我们对实际 GDP 取对数，然后用 X – 12 法去季节趋势并进行 H – P 滤波，提取的波动部分即为产出缺口。对于通胀缺口，我们对通胀指标 CPI 取对数，然后用 X – 12 法去季节趋势并进行 H – P 滤波，提取的波动部分即为通胀缺口。货币增长率为实际货币供给的增长率。对方程进行回归，依据方程估计的理想程度，筛选合适的货币供给增长率的滞后期作为工具变量（宋玉华、李泽洋，2007；郑挺国、王霞，2010），估计得到滞后项系数 $\rho_u = 0.73$，通货膨胀缺口项系数 $\rho_\pi = -0.27$，产出缺口项系数 $\rho_y = -0.91$。回归残差存在滞后 4、6、13 阶自相关和滞后 2 阶偏相关，作为工具变量引入残差的自回归估计方程，估计得到残差项自相关系数为：$\rho_\xi = 0.56$，标准差为：$\sigma_\xi = 0.024$。

参考文献

Aguiar, M., Gopinath, G. "Emerging Market Business Cycles: The Cycle is the Trend." *Journal of Political Economy*, 2007, 115 (1): 69-101.

Andersen, T. M. "Persistency in Sticky Price Models." *European Economic Review*, 1998, 42: 593-603.

Ascari, G. & Garicia, J. A. "Price/Wage Staggering & Perstistence. European University Institute." 1999, Working Paper 99/6.

Bachmann, R., Caballero, R., and Engel, E., 2010. Aggregate Implications of Lumpy Investment. New Evidence and a DSGE Model, Cowles Foundation Discussion Papers No. 1566R.

Ball, Laurence & David Romer. "Real Rigidities & the Non-Neutrality of Money." *Review of Economic Studies*. 1990, 57: 183-203.

Bailey, M. J. "The Welfare Costs of Inflationary Finance." *Journal of Political Economy*, 1956, 64: 93-110.

Barro, R. J. "Unanticipated Money Growth & Unemployment in the United States." *American Economic Review*, 1977, 67: 101-115.

Barro, R. J. "Unanticipated Money, Output, & the Price Level in the United States." *Journal of Political Economy*, 1978, 86: 549-580.

Barro, R. J. "On the Determination of the Public Debt." *Journal of Political Economy*, 1979, 87: 940-971.

Barro, R. J. "Inflation & Economic Growth." *Bank of Engle & Quarterly Bulletin*, 2005: 39-52.

Barro, R. J. "Inflation & Growth." Federal Reserve Bank of *St. Louis Review*, 1996, 78: 153-169.

Basu, S. "Intermediate Goods & Business Cycles: Implications for Productivity & Welfare." *American Economic Review*, 1995, 85: 512-531.

Basu, S. & J. G. Fernald. "Constant Returns & Small Markups in U. S Manufacturing." International Finance Discussion Paper, 1994, 483, Board of Governors of the Federal Reserve System.

Basu, S. & J. G. Fernald. "Are Apparent Productive Spillovers a Figment of Specification Erroe?" *Journal of Monetary Economics*, 1996, 36: 165-188.

Basu, S. & J. G. Fernald. "Returns to Scale in U. S. Production: Estimates & implications." *Journal of Monetary Economics*, 1995, 36: 165-188.

Basu, S. & M. S. Kimball. "Cyclical Productivity with Unobserved Input Variation." Working Paper, 1997, 5915, National Bureau of Economic Reserch.

Basu, S. & A. M. Taylor. "Business Cycles in International Perspectibe." *Journal of Economic Perspectives*, 1999, 13: 45-68.

Brayton, F. & P. Tinsley. "A Guide to the FRB/US: A Macroeconomic Model of the United States." 1996, Federal Reserve Board, Finance & Economics Discussion Series, No. 42.

Brock, W. A. "Money & Growth: The Case of Long Run Perfect Foresight." *International Economic Review*, 1974, 15: 750-777.

Baxter, M. and M. Crucini, 1993. "Explaining Saving. Investment Correlations." *American Economic Review*, 83 (3), 416-436.

Beaudry, P. and F. Portier, 2007. "When Can Changes in Expectations Cause Business Cycle. Fluctuation in Neoclassical Settings?" *Journal of Economic Theory*, 135, 458-477.

Boldrin, M. , L. Christiano, and J. Fisher, 2001. "Habit Persistence, Asset Returns, and the Business Cycle." *American Economic Review*,

91 (1), 149-166.

Calvo, G. "Staggered Prices in a Utility Maximizing Framework." *Journal of Monetary Economics*, 1983.

Chari, V. V. , Kehoe, P. J. , McGrattan, E. R. "Sticky Price Models of the Business Cycle: Can the Contract Multiplier Solve the Persistence problem?" *Econometrica*, 2000, 68: 1151-1179.

Christiano, Lawrence J. , Eichenbaum, Martin & Evans, Charles, L. "Monetary Policy Shocks: What Have We Learned & to What End? " In *Hand book of Macroeconomics*, John B. Taylor & Michael Woodford eds. 1999, Vol. IA. Chap. 2. Amsterdam; North-Holl and.

Christiano, L. J. , Eichenbaum, M. and C. Evans. Nominal Rigidities and the Dynamic Effects of a Shock to Monetary Policy, 2001.

Christiano, Lawrence J. , Martin Eichenbaum & Charles L. Evans. "Nominal Rigidities & the Dynamic Effects of a Shock to Monetary Policy." *Journal of Political Economy*. 2004, Forthcoming.

Christoel, Kai, Coenen, Gunter, and Warne, Anders. "Forecasting with DSGE models. " Working Paper 2010 (Series 1185), European Central Bank.

Clarida, Richard, Jordi Gali and Mark Gertler. The Science of Monetary Policy: A New Keynesian Perspective. " *Journal of Economic Literature*, 1999 (Vol. 37).

Clower, R. W. "Are consideration of the Microfoundations of Monetary-Theory. " *Western Economic Journal*, 1967, 6: pp. 1-9.

Cooley, T. F. , Hansen, G. D. The Inflation Tax in a Real Business Cycle mode. " *American Economic Review*, 1999, 79: 733-748.

Cooper, R. and J. Haltiwanger, 2006. "On The Nature of Capital Adjustment Costs. " *Review of Economic Studies*, 73, 611-633.

Cover, J. P. "Asymmetric Effects of Positive & Negative Money Supply Shocks. " *Quarterly Journal of Economics*, 1992, 107: 1261-1282.

DeJong, D. N. , Ingram, B. F. and C. H. Whiteman. "A Bayesian Approach to Dynamic Macroeconomics. " *Journal of Econometrics*, 2000 (Series 98).

Deutsche Bundesbank. *Development and Application of DSGE Models for the German Economy*, DB Monthly Report July, 2008.

Devereux, Michael B. & James Yetman. "Predetermined Prices & the Persistent Effects of Money on Output. " *Journal of Money*, *Credit & Banking*, 2003, 35; 729-741.

Dib, A. , 2001. An Estimated Canadian DSGE Model with Nominal and Real Rigidities, Bank of Canada Working Paper No. 2001-26.

Dotsey, Michael, Robert G. King & Alex and er L. Wolman. "State-Dependent Pricing & the General Equilibrium Dynamics of Money & Output. " *Quarterly Journal of Economics*. 1999, 4: 655-690.

Edge, Rochelle M. , Kiley, Michael T. , and Laforte, Jean-Philippe. "Natural Rate Measures in an Estimated DSGE Model of the U. S. Economy. " *Journal of Economic Dynamics and Control*, 2008, 32 (8), 2512-2535.

Eichenbaum, M. & K. J. Singleton. "Do Equilibrium Real Business Cycle Theories Explain Postwar U. S. Business Cycles?" In S. Fischer (ed.). NBER Macroeconomics Annual, 1986, 91-135 Cambridge, MA: MIT Press.

Emre, O. , Kumar, M. S. Procyclicatity of Fiscalpolicy in Emerging Markets: The Role of Capital Flows, Productivity Shocks and Uncertainty, Preliminary Draft, 2005.

Erceg, C. J. , D. W. Hendersen & A. T. Levin. "Optimal Monetary Policy with Staggered Wage & Price Contracts. " *Journal of Monetary Economics*. 2000, 46: 281-313.

Feenstra, R. C. "Functional Equivalence between Liquidity Costs & the Utility of Money. " *Journal of Monetary Economics*, 1986, 17: 271-291.

Frank Smets and Raf Wouters, An Estimated Stochastic Dynamic General Equilibrium Model of the Euro Area, NBER International Seminar on

Macroeconomics, June 2002.

Gillman, M. "Comparing Partial & General Equilibrium Estimates of the Welfare Costs of Inflation." *Contemporary Economic Policy*, 1995, 13: 60-71.

Giuseppe Bertola and Ricardo J. Caballero, 1990. "Kinked Adjustment Costs and Aggregate Dynamics." NBER Chapters, in NBER Macroeconomics Annual 1990, 5, 237-296 National Bureau of Economic Research, Inc.

Guerron-Quintana, Pablo A. "What You Match Does Matter: The Effects of Data on DSGE Estimation." *Journal of Applied Econometrics*, 2010, 25 (5), 774-804.

Huang "Input-output Connections & Nominal Staggering: Implications for the Persistence Problem." Mimeo, 2001a, University of California at Santa Barbara & Utah State University.

Huang. "Factor Immobility & Intermediate Inputs in Sticky-price Monetary Business Cycle Models." Mimeo, 2001b, University of California at Santa Barbara & Utah State University.

Huang, K. X, D. & Z. Liu. "Staggered Contracts & Business Cycle Persistence." Federal Reserve Bank of Minneapolis Discussion, 1998, Paper 127.

Huang, K. X. D. & Z. Liu. "A Double-staggering Model without Real Rigidities." Mimeo, 1999a, University of California at Santa Barbara & Utah State University.

Huang, K. X. D. & Z. Liu. "Chain of Production as a Monetary Progation Mechanism." Institute for Empirical Macroeconomics Discussion, 1999b, Federal Reserve Bank of Minneapolis.

Huang, K. X. D. & Z. Liu. "Vertical International Trade as a Monetary Transmission Mechanism in an Open Economy." Cahiers de Recherché CREFE/CREFE Working Papers, 2000a, 107, CREFE, Universitat du Quebec at Montreal.

Huang, K. X. D. & Z. Liu. "Input-output structure & the General Equilibrium Dynamics of Inflation & output." Economic Research Institute Study Paper, 2000b, No. 2000-10, Utah State University.

Huang, K. X. D. & Z. Liu. "Production Chains & General Equilibrium Aggregate Dynamics." *Journal of Monetary Economics*, 2001a, 48: 223-257.

Huang, K. X. D. & Z. Liu. "An Input-output Channel of International Monetary Policy Transmissions." Mimeo, 2001b, Utah State University.

Huang, K. X. D. & Z. Liu (2002). "Staggered Price Setting, Staggered Wage Setting, & Business Cycle Persistence." *Journal of Monetary Economics*. 49; 405-433.

Huang, K. A. D. & Z. Liu (2004). "Input-output Structure & Nominal Rigidity: The Perestence Problem Revisited." *Macroeconomic Dynamics*, 8: 188-206.

Huang, K. X. D. , Z. Liu & L. Phaneuf (2004). "Why Does the Cyclical Behavior of Real Wages Change Over Time?" *American Economic Review*, 94: 836-857.

Ireland, P. N. "Sticky-price Models of the Business Cycle: Specification & stability." *Journal of Monetary Economics*, 2001, 47; 3-18

Lreland, P. N. "Endogenous Money or Sticky Prices?" NBER Working Paper, 2002, 9390.

Jana Kremer, Giovanni Lombardo, Leopold von Thadden and Thomas Wernerh. "Dynamic Stochastic General Equilibrium Models as a Tool for Policy Analysis." CESifo Economic Studies, 2006, Vol. 52, 640-665.

Jeanne, Olivier. "Real & Nominal Rigidities over the Business Cycle." Working Paper, 1997, University of Berkeley.

Jensen, H. "Targeting Nominal Income Growth or Inflation?" *American Economic Review*, 2002 , 94 : 928-956.

Jung, Yongseung. "Catching Up with the Loneses in a Sticky Price Model." *Journal of Money, Credit & Banking*, 2004, 36: 73-93.

King, R. G. , Plosser, C. I. , Rebelo, S. T. "Production, Growth and Business Cycles : I. The Basic Neoclassical Model. " *Journal of Monetary Economics*, 1988, 21 (2-3) : 195-232.

King, R. G. & M. W. Watson "Money, Prices, Interest Rates & the Business Cycle. " *Review of Economics & Statistics*, 1996, 78: 35-53.

King, R. G. and S. Rebelo. " Resuscitating Real Business Cycles. " NBER Working Paper, 2000 (Series 7534) .

Khan, A. and J. Thomas, 2008. "Idiosyncratic Shocks and the Role of Nonconvexities in Plant and Aggregate Investment Dynamics. " *Econometrica*, 76 (2), 395-436.

Kiyotaki, N. & R. Wright. " A Search-Theoretic Approach to Monetary Economics. " *American Economic Review*, 1993, 83: 63-77.

Koenig, E. F. " The Short-Run 'Tobin Effect' in a Monetary Optimizing Model. " *Economic Inquiry*, 1987, 5: 43-54.

Kydland, Finn and Edward Prescott. Business Cycles: Real Facts and a Monetary Myth, Federal Reserve Bank of *Minneapolis Quarterly Review*, 1982.

Lawrence J. Christiano & Martin Eichenbaum & Charles L. Evans, 2005. "Nominal Rigidities and the Dynamic Effects of a Shock to Monetary Policy. " *Journal of Political Economy*, University of Chicago Press, 113 (1), 1-45.

Lucas, R. E. , Jr. "Econometric Policy Evaluation: A Critique. " Carnegie-Rochester Conference Serieson Public Policy, 1976: 19-46.

Lucas, R. E. , Jr. " Two Illustrations of the Quantity Theory of Money. " *American Economic Review*, 1980, 70: 1005-1014.

Lucas, R. E. , Jr. "The Welfare Costs of Inflation. " CEPR Publication No. 394, Stanford University, Stanford, CA, 1994, February.

Lucas, R. E. , Jr. & N. Stokey (1983). " Optimal Fiscal & Monetary Policy in an Economy without Capital. " *Journal of Monetary Economics*, 1983, 12: 55-93.

Macmillan. McC & Less, G. T. , Jr. &W. E. Weber " Some Monetary Facts. " Federal Reserve Bank of *Minneapolis Quarterly Review* , 1995: 19; 2-11.

McGuire M. and M. Ryan, Macroeconomic Modeling Developments in the Central Bank, Spring Bulletin, Central Bank of Ireland, 2000.

Mishkin, F. S. " Does Anticipated Policy Matter? An Econometric Investigation. " *Journal of Political Economy* , 1982, 90: 22-51.

Nolan, Charles and Thoenissen, Christoph. "Financial Shocks and the us Business Cycle", *Journal of Monetary Economics* , 2009, 56 (4), 596-604.

Pagan, A. (2003). "Report on Modelling and Forecasting at the Bank of England. " *Bank of England Quarterly Bulletin* , Spring, 1-29.

Riggi, Marianna and Tancioni, Massimiliano. "Nominal vs Real Wage Rigidities in New Keynesian Models with Hiring Costs: A Bayesian evaluation. " *Journal of Economic Dynamics and Control* , 2010, 34 (7), 1305-1324.

Roberts, J. M. " New Keynesian Economics & the Phillips Curve. " *Journal of Money, Credit, & Banking* , 1995, 27: 975-984

Romer, D. "The New Keynesian Synthesis. " *Journal of Economic Perspectives* , 1993, 7: 5-22.

Rotemberg, J. J. " Monopolisitic Price Adjustment and Aggregate Output. " *Review of Economic Studies* , 1982, 49 (4): 517-531.

Rotemberg, J. J. , Woodford, M. "Dynamic General Equilibrium Models with Imperfectly Competitive Product Markets. " in Cooley, T. F. (Eds.). *Frontiers of Business Cycle Research* , 2007, Princeton University Press, Princeton New Jersey, 243-293.

Sargent, T. J. & N. Wallace. " ' Rational' Expectations, the Optimal Monetary Instrument, & the Optimal Money Supply Rule. " *Journal of Political Economy* , 1975, 83: 241-254.

Saving, T. R. " Transaction Costs and the Dem & for Money. " *American*

Economic Review, 197161: 407-420.

S. Boraǧan Aruoba & Luigi Bocola & Frank Schorfheide, 2013. "Assessing DSGE Model Nonlinearities. " NBER Working Papers 19693, National Bureau of Economic Research, Inc.

Sidrauski, M. "Rational Choice & Patterns of Growth in a Monetary Economy. " *American Economic Review*, 1967: 1967, 57: 534-544.

Sims, C. A. "Comparison of Interwar & Postwar Business Cycles. " *American Economic Review*, 1980, 70: 250-257.

Sims, C. A. " Interpreting the Macroeconomic Time Series Facts: The Effects of Monetary Policy. " *European Economic Review*, 2007, 36: 975-1000.

Stock, J. H. & M. W. Watson. "Interpreting the Evidence on Money-Income Causality. " *Journal of Econometrics*, 1989, 40: 161-181.

Stockman, A. "Anticipated Inflation & the Capital Stock in a-Cash-in-Advance Economy. " *Journal of Monetary Economics*, 1981, 8, 3: 387-393.

Taylor, J. Discretion versus Policy Rules in Practice, Carnegie-Rochester Conference Series on Public Policy, 1993 (39).

Uhlig. A Toolkit for Analysing Nonlinear Dynamic Stochastic Models Easily. Ramon Marimon and Andrew Scott. *Computational methods for the Study of Dynamic Economies.* Oxford: Oxford University Press, 1999. 30-61.

Walsh, C. E. Monetary Theory & Policy. Cambridge, MA, 2000: MIT Press.

Wang, P. & C. K. Yip. "Alternative Approaches to Money & Growth. " *Journal of Money, Credit & Banking*, 1992, 24: 553-562.

Wang, P. and Y. Wen, 2012. "Hayashi Meets Kiyotaki and Moore: A Theory of Capital Adjustment Costs. " *Review of Economic Dynamics*2 (15), 207-225.

Wurgler Jeffrey, 2000. "Financial Markets and the Allocation of Cap-

ital." *Journal of Financial Economics*, 58 (1-2), 187-214.

Wu, Y. & J. Zhang. "Endogenous Growth & the Welfare Costs of Infla-tion: A Reconsideration." *Journal of Economic Dynamics & Control*, 1998, 22: 465-482.

Wu, Y. & J. Zhang "Monopolistic Competition, Increasing Returns to Scale, & the Welfare Costs of Inflation." *Journal of Monetary Econom-ics*, 2008, 46: 417-440.

Wu, Y. & J. Zhang. "The Effects of Inflation on the Number of Firms & the Firm Size: Theory & Cross-Country Evidence." *Journal of Money*, *Credit & Banking*, 2001 (Forthcoming).

Woodford, M. *Interest and Prices: Foundations of a Theory of Monetary Policy.* Princeton University Press, 2003, 135-140.

Yun, T. "Nominal Price Rigidity, Money Supply Endogeneity, & Busi-ness Cycles." *Journal of Monetary Economics*, 1996, 37: 345-370.

Zhang, J. "A Simple Pecuniary Model of Money & Growth with Transac-tions Cost." *Journal of Macroeconomics*, 1996, 18: 127-137.

Zhang, J. "Liquidity, Transaction Costs, & Real Activity." *Southern Economic Journal*, 2008, 65: 308-321.

Zhang, J. "Inflation & Growth: Pecuniary Transaction Costs & Qualitative Equivalence." *Journal of Money*, *Credit*, *& Banking*, 2000, 32: 1-12.

［美］爱德华·S. 肖:《经济发展中的金融深化》,中国社会科学出版社1989年版。

［美］本杰明·M. 弗里德曼、［英］弗兰克·H. 哈恩:《货币经济学手册》上下册,经济科学出版社2002年版。

陈利平:《货币理论》,北京大学出版社2005年版。

［加］杰格迪什·汉达:《货币经济学》,中国人民大学出版社2005年版。

［加］约翰·史密森:《货币经济学前沿:争论与反思》,上海财经大学出版社2004年版。

［美］卡尔·E. 沃什:《货币理论与政策》,上海财经大学出版社

2004 年版。

刘斌：《各国中央银行模型》，中国金融出版社 2002 年版。

汪红驹：《中国货币政策的有效性研究》，中国人民大学出版社 2002 年版。

卜永祥、靳炎：《中国实际经济周期：一个基本解释和理论扩展》，《世界经济》2002 年第 7 期。

陈飞、赵昕东、高铁梅：《我国货币政策工具变量效应的实证分析》，《金融研究》2002 年第 10 期。

陈昆亭、龚六堂、邹恒甫：《什么造成了经济增长的波动，供给还是需求：中国经济的 RBC 分析》，《世界经济》2004 年第 4 期。

陈昆亭、龚六堂：《粘滞价格模型以及对中国经济的数值模拟——对基本 RBC 模型的改进》，《数量经济技术经济研究》2006 年第 8 期。

陈师、赵磊：《中国的实际经济周期与投资专有技术变迁》，《管理世界》2009 年第 4 期。

耿强等：《政策性补贴、产能过剩与中国的经济波动——引入产能利用率 RBC 模型的实证检验》，《中国工业经济》2011 年第 5 期。

高铁梅、刘玉红、王金明：《中国转轨时期物价波动的实证分析》《中国社会科学》2003 年第 6 期。

胡永刚、刘方：《劳动调整成本、流动性约束与中国经济波动》，《经济研究》2007 年第 10 期。

黄先开、邓述慧：《货币政策中性与非中性的实证研究》，《管理科学学报》2000 年第 6 期。

黄赜琳：《校准法的原理、应用与发展方向》，《数量经济技术经济研究》2005 年第 1 期。

黄颐琳：《中国经济周期特征与财政政策效应——一个基于三部门 RBC 模型的实证分析》，《经济研究》2005 年第 6 期。

黄志刚：《加工贸易经济中的汇率传递：一个 DSGE 模型分析》，《金融研究》2009 年第 11 期。

金碚：《中国工业的转型升级》，《中国工业经济》2011 年第 7 期。

江曙霞、江日初、吉鹏：《麦克雷姆规则及其中国货币政策检验》，《金融研究》2008 年第 5 期。

李春吉、孟晓宏：《中国经济波动——基于新凯恩斯主义垄断竞争模型的分析》，《经济研究》2006 年第 10 期。

李春吉：《投资冲击、全要素生产率冲击与中国经济波动——基于 RBC 模型估计结果的分析》，《经济问题》2010 年第 9 期。

李浩、胡永刚、马知遥：《国际贸易与中国的实际经济周期——基于封闭与开放经济的 RBC 模型比较分析》，《经济研究》2007 年第 5 期。

刘斌：《中央银行经济模型的开发与应用》，《金融研究》2003 年第 4 期。

刘斌：《我国 DSGE 模型的开发及在货币政策分析中的应用》，《金融研究》2008 年第 10 期。

刘斌：《货币政策冲击的识别及我国货币政策有效性的实证分析》，《金融研究》2001 年第 7 期。

刘斌：《我国货币供应量与产出物价间相互关系的实证研究》，《金融研究》2002 年第 7 期。

刘斌、黄先开：《货币政策与宏观经济定量研究》，科学出版社 2007 年版。

刘斌、张怀清：《冲击经济波动及政策》，《金融研究》2002 年第 2 期。

刘金全：《虚拟经济与实体经济之间关联性的计量检验》，《中国社会科学》2004 年第 4 期。

刘金全、张文刚、刘兆波：《货币供给增长率与通货膨胀率之间的短期波动影响和长期均衡关系分析》，《中国软科学》2004 年第 7 期。

刘康兵：《融资约束、营运资本与公司投资：来自中国的证据》，《复旦学报》（社会科学版）2012 年第 10 期。

刘霞辉：《为什么中国经济不是过冷就是过热?》，《经济研究》2004 年第 11 期。

刘尧成：《供求冲击与人民币汇率的波动：基于 DSGE 两国模型的模

拟分析》,《南方经济》2010 年第 9 期。

蒲华林:《政府购买冲击与商业周期——一个基于 Keynes 波动理论与
　　真实商业周期理论的比较分析》,《西南政法大学学报》2007 年第
　　1 期。

钱士春:《中国宏观经济波动实证分析:1952—2002》,《统计研究》
　　2004 年第 4 期。

戚自科:《货币政策传导机制理论最新前沿》,《经济学动态》2005
　　年第 1 期。

涂正革、肖耿:《中国经济的高增长能否持续:基于企业生产率动态
　　变化的分析》,《世界经济》2006 年第 2 期。

王晋斌、刘元春:《关于 IS-LM/AS 模型分析范式演变的思考》,《中
　　国人民大学学报》2005 年第 2 期。

王君斌、王文甫:《非完全竞争市场、技术冲击和中国劳动就业——
　　动态新凯恩斯主义视角》,《管理世界》2010 年第 1 期。

王君斌、郭新强、蔡建波:《扩张性货币政策下的产出超调、消费抑
　　制和通货膨胀惯性》,《管理世界》2011 年第 3 期。

王文甫:《价格黏性、流动性约束与中国财政政策——动态新凯恩斯
　　主义视角》,《管理世界》2010 年第 9 期。

王新丽、杨立岩:《实际经济周期理论与动态一般均衡模型》,《世界
　　经济文汇》2004 年第 2 期。

肖六亿、张爱婷:《名义工资黏性与货币政策传导机制》,《西安财经
　　学院学报》2005 年第 4 期。

谢平:《中国的货币政策分析 1998—2002》,《金融研究》2004 年第 8
　　期。

谢平、焦瑾璞主编:《中国的货币政策争论》,北京中国金融出版社
　　2002 年版。

谢平、罗雄:《Taylor 规则及其在中国货币政策中的检验》,《经济研
　　究》2002 年第 3 期。

徐舒、左萌、姜凌:《技术扩散、内生技术转化与中国经济波动》,
　　《管理世界》2011 年第 3 期。

许伟、陈斌开：《银行信贷与中国经济波动：1993—2005》，《经济学》2009 年第 4 期。

鄢萍：《资本误配置的影响因素初探》，《经济学季刊》2012 年第 1 期。

易纲、林明：《理解中国经济增长》，《中国社会科学》2003 年第 2 期。

易纲、蔡辉明、宛圆渊：《产权约束、投资低效和通货紧缩》，《经济研究》2004 年第 9 期。

庄佳强：《货币冲击对实际变量存在持续性效应吗》，浙江大学 2004 年硕士论文。

赵进文、高辉：《中国利率市场化主导下稳健货币政策规则的构建及应用》，2003 年第三届中国经济学年会论文。

战明华、李生校：《货币与产出的关系（1995—2003）：不同模型的分析结果及其比较》，《世界经济》2005 年第 8 期。

周英章、蒋振声：《货币渠道、信用渠道与货币政策有效性——中国 1993—2001 年的实证分析和政策含义》，《金融研究》2002 年第 9 期。